以口才促成交的销售实战宝典

销售口才实战技巧全集

第2版

宫辉◎编著

中国纺织出版社

内 容 提 要

《销售口才实战技巧全集》（第2版）集通俗易懂的理论知识与生动鲜活的成功经验于一体，汇集了大量销售中的成功案例，具有很强的启迪性、实用性和参考性，方便销售员在实战中创造性地灵活运用，真正达到学以致用之目的。

本书从客户关系、营造氛围、产品介绍、化解拒绝、磋商价格、促成交易等几个凸显沟通技巧的方面入手，进行了细致入微的分析探讨，总结归纳出应对各种情况和各种类型客户的说话策略及方法，适合销售人员阅读和学习。

图书在版编目（CIP）数据

销售口才实战技巧全集／宫辉编著．—2版．—北京：中国纺织出版社，2015.1（2019.8重印）
ISBN 978-7-5180-0963-3

Ⅰ．①销…　Ⅱ．①宫…　Ⅲ．①销售—口才学—通俗读物
Ⅳ．①F713.3-49　②H019-49

中国版本图书馆CIP数据核字（2014）第214864号

策划编辑：于磊岚　　责任印制：周平利

中国纺织出版社出版发行
地址：北京市朝阳区百子湾东里A407号楼　邮政编码：100124
销售电话：010—67004422　传真：010—87155801
http：//www.c-textilep.com
E-mail：faxing @ c-textilep.com
官方微博　http://weibo.com/2119887771
三河市宏盛印务有限公司印刷　各地新华书店经销
2012年7月第1版　2015年1月第2版　2019年8月第8次印刷
开本：710×1000　1/16　印张：14.5
字数：222千字　定价：29.80元

前言

为什么有些销售员在向客户推荐产品时口若悬河、滔滔不绝，客户却唯恐避之不及，他的业绩也毫无起色？为什么那些销售高手惜字如金、三言两语却能轻松说服客户购买自己的产品，还能培养出一大批回头客？

其实答案很简单：说话水平不同。哲学家在谈及口才的重要性时说：“有时一张嘴可以化解一场足以让你窒息的危机。它胜过千军万马，更胜过智慧与狡诈。”

从某种意义上说，做销售就是在说服客户。只有说中客户的需求，才会有成交的希望。一句话点石成金，两句话心花怒放，三句话绝对成交！可以说，没有好口才就做不好销售。

好口才是排除销售障碍的利器。不同的客户拥有不同的背景、个性与心态，所以销售员在销售时，会遇到各种不同的情况。好口才可以有效消除客户对你以及你所推荐的产品的排斥心理，使销售工作圆满完成。销售员必须了解客户的需求和反应才能对症下药、排除销售障碍。

良好的销售口才与沟通能力是销售员梦想实现的基石。拥有好口才，不愁商品销售不出；拥有好口才，不怕市场拓展不开。一名优秀的销售员能用热情的销售态度去打动客户，用绝妙的语言魅力将客户吸引住，赢得客户的信任。

本书从客户关系、探知需求、产品介绍、处理异议、讨价还价、促成交易、电话销售口才禁忌等方面进行了细致入微的分析探讨，总结归纳出应对各种情况和各种类型客户的说话策略与方法。《销售口才实战技巧全集》(第2版)各章内容在原版基础上均有不同程度的修改与补充，其中，第1章、第3章、第4章、第5章、第6章内容，根据市场反馈和读者建议，新增了有效沟通话术、提问话术、消除异议话术和成交话术等内容，使本书内容更为充实、丰满。

本书集通俗易懂的理论知识与生动鲜活的成功经验于一体，汇集了大量销售中的成功语言沟通实例，具有很强的启迪性、实用性和趣味性，适合销售员在实战中创造性地灵活运用，真正达到学以致用之目的。

编著者

2014年9月

目录

第一章 有效沟通——快速拉近与客户的距离

巧妙提问——有效获取客户信息

第三章　先声夺人——介绍产品要找亮点、说卖点

第四章 消除异议——巧妙化解客户的拒绝

第五章 趁热打铁——促成交易的语言技巧

第六章 因人而异——针对不同客户的应对策略

第七章 一线万金——电话销售的沟通艺术

第八章 避开“雷区”——销售应避免的说话方式

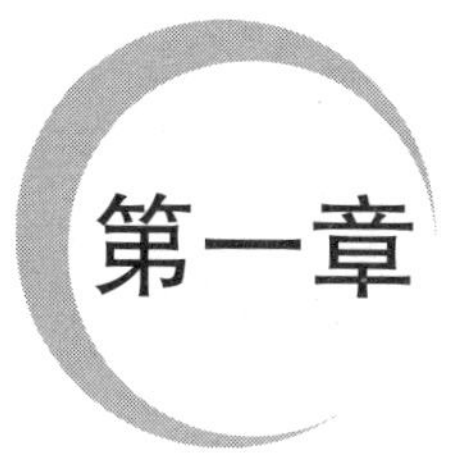

第一章　有效沟通
——快速拉近与客户的距离

实例 01　强化语言的感染力

点·睛·提·示

《吕氏春秋》有云："故闻其声而知其风，察其风而知其志，观其志而知其德。"意思是听一个人说话的声音就能知道这个人的风度，观察这个人的风度就可以知道他的志向，知道了他的志向后，那么也就知晓了他的德行与为人了。

一场成功的销售应该像一档好的电视节目，有好画面和好音效。如果音响效果不好，观众的感受就不佳。这就像销售时，不管是现场交易还是用电话来交易，一切信息都需要通过销售员的语言传给客户，所以销售员必须注意讲话的方式，尤其要随时注意保持说话声音的最佳感染力。

戴尔·卡耐基曾做过国际函授学校丹佛分校的一名销售员，任务是销售学校的各种培训课程。

一天，戴尔·卡耐基吃完早餐后，在回到住处的路上遇到一位架线工人在电线杆上作业。忽然他的钢丝钳掉到了地上，戴尔·卡耐基把它捡起来，抛给他。

“朋友，干这个可真不容易！”戴尔·卡耐基用诚挚的口吻和正在工作的架线工人招呼着。

“谢谢！没有多少人愿意干这一行，既艰苦又危险！”架线工人漫不经心地应道。

“我有个朋友也干这行，但他却觉得很轻松！”戴尔·卡耐基抬高了声调，并向架线工人做出了一个成功的手势。

“他觉得轻松？！”架线工人开始从上面认真地看着下面的这个年轻人，“他凭什么？”

“其实，他以前也同你看法一样，不过最近发生了一件事让他改变了这个看法！”戴尔·卡耐基仍然轻松地和这位架线工人聊着天。

但显然架线工人已经没耐性了，他从电线杆子上爬下来，急于想知道戴尔·卡耐基所说的那个人靠什么本事会觉得这份工作轻松。这时候，戴尔·卡耐基才用肯定的语气继续说：“有一门培训课程，他学了以后，工作起来就容易多了。”然后，他详细介绍了这套培训课程的大纲和特点。

最后，戴尔·卡耐基终于说服那名架线工购买了一门电机工培训课程。

上述案例中，戴尔·卡耐基用恰当的交谈方式，生动、正确地反映出其本意，赢得了一份订单。声音和语气是体现销售员立场、态度、个性、情感、心境等起伏变化的传播载体，从你的说话声音、语调中，人们可以推测出你是一个令人信服、幽默、可亲可近的人，还是一个呆板保守、具有挑衅性、好阿谀奉承或阴险狡猾的人。你的声音和语调同样也能反映你是一个优柔寡断、自卑、充满敌意的人，还是一个诚实、自信、坦率以及尊重他人的人。由此可知，销售员说话的声音和语调能否吸引住客户，是销售是否成功的关键。

销售实训

在和客户沟通的过程中，销售员如何保持说话的最佳感染力呢？下面教给你一些技巧：

1. 保持合适的音量

当你内心紧张时往往发出的声音又尖又高。其实，语言的威慑和影响力与声音的大小是两回事。千万不要以为大喊大叫就一定能说服和压制他人。声音过大只能使他人不愿听你讲话甚至讨厌你说话的声音。每个人说话的声音大小不同，试着找到最适合自己的音量。

2. 熟练控制说话的语调

无论你在谈论什么样的话题，都应保持说话的语调与所谈及的内容互相配合，并让语调恰当地表明你对某一话题的态度。

语调在沟通的效果上也有重要作用。当一个人心存怒气时，说话的语调无疑会上扬，形成一种尖刻的没有耐心的高语调。这种语调不但不利于问题的解决，反而会使问题加重，矛盾加深。所以，在与客户交谈时，你必须善于控制自己的语调，不要让自己的语调过于上扬。

交流是一个相互影响的过程，当你高嗓门说话时，对方也会情不自禁地提高自己的嗓门；如果你以低沉而缓和的语调与其交谈，即便语气和内容都很强硬，对方也能接受，交谈便能顺利进行，而你也可以给人留下沉稳、有涵养的印象。所以，要给客户留下难忘的印象，使用低沉缓和的语调往往效果更佳。

3. 掌握好说话的节奏

节奏，即说话时由于不断发音与停顿而形成的强、弱有序的声音变化。如果说话节奏太快，会使你显得心急、情绪不稳，而且由于说话节奏过快某些词语说得模糊不清，他人就无法听懂你所说的内容；如果说话节奏太慢，会使你显得阴郁悲哀、令人生厌；而如果讲话磕磕绊绊没有任何节奏感，则很少能够打动别人。只有说话节奏适度，方能显得自然、自信、有力度，易于从心理上影响对方，让其产生良好的心理效应。因此，销售员必须首先学会控制自己说话的节奏。

4. 掌握适当停顿的技巧

停顿，是日常说话时需要掌握的一种技巧。适当的停顿，不仅可以让你快速地整理自己的思维，还便于你观察对方的反应。

实例 02 销售话术要因人而异

点·睛·提·示

某种风格的语言和销售方式很可能适合于某一类或几类客户，但不可能适用于所有的客户。只有选择客户最熟悉、最容易接受的语言，才能有效地说服客户。

销售语言是一门艺术，销售员要想将这门艺术运用好，就应该在销售过程中有的放矢、有针对性地去运用它。由于每一次销售都有特定的对象、时间、地点、目标和内容，所以，只有综合考虑这些影响销售的因素，并据此来确定最终的销售语言风格，才能最大限度地发挥销售语言的作用。

彭奈是美国一家著名的零售商店的老板。有一天，一位客人来到店里买搅蛋器。店员迎上去问："先生，你是想要好一点的，还是要次一点的？"

那位客人听了明显有些不高兴："当然是要好的，不好的东西谁要？"

店员就把最好的一种多佛牌搅蛋器拿出来给他看。客人看了问："这是最好的吗？"

店员肯定地说："是的，而且是牌子最老的。"客人显然很满意："多少钱？"

店员回答说："120 美元。"客人的满意变成了惊讶："什么？为什么这样贵？我听说最好的才 60 多美元。"

店员着急地强调说："60 多美元的我们也有，但那不是最好的。"

"可是，也不至于差这么多钱呀！"

"差得并不多，还有十几美元一个的呢。"

客人听了店员的话，脸上马上露出不悦之色，想立即掉头离去。

彭奈见状急忙赶了过去，对客人说："先生，你想买搅蛋器是不是？我来介绍一种好产品给你。"客人仿佛又有了兴趣，问："什么样的？"

彭奈拿出另外一种牌子的搅蛋器来，说："就是这一种，请你看一看，式样还不错吧？"

"多少钱？"

"54 美元。"

客人冷漠地说："照你店员刚才的说法，这不是最好的，我不要。"

"我的这位店员刚才没有说清楚，搅蛋器有好几种牌子，每种牌子都有最好的货色，我刚拿出的这一种，是同类牌子中最好的。"

"可是为什么比多佛牌的差那么多钱？"

"这是制造成本的关系。每种品牌的机器构造不一样，所用的材料也不同，所以在价格上会有出入。至于多佛牌的价钱高，有两个原因：一是它的牌子信誉好；二是它的容量大，适合做糕饼生意用。"彭奈耐心地说。

客人情绪缓和了很多："噢，原来是这样的！"

彭奈又说："其实，有很多人喜欢用这种新牌子的。就拿我来说吧，我用的就是这种牌子，性能并不比多佛牌的差，而且它有个最大的优点：体积小，用起来方便，一般家庭最适合。府上有多少人？"

客户回答："5 口人。""那再适合不过了，我看你就拿这个回去用吧，担保不会让你失望。"

彭奈送走客户，回来对他的店员说："知不知道你今天错在什么地方？"那位店员愣愣地站在那里，显然不知道自己错在哪里。"你错在太强调'最好'这个概念。"彭奈笑着说。"可是，"店员说，"您经常告诫我们，要对客户诚实。我的话并没有错呀！"

"你是没有错，只是缺乏技巧。我的生意做成了，难道我对客户有不诚实的地方吗？"

店员默不作声，显然心中并不怎么服气。"我说它是同一牌子中最好的，对不对？"店员点点头。"我说它体积小，适合一般家庭用，对不对？"店员又点点头。"既然我没有欺骗客户，又能把东西卖出去，你认为关键在什么地方？""说话的技巧。"

彭奈摇摇头，说："你只说对一半，主要是我摸清了他的心理。他一进门就要最好的，对不？这表示他优越感很强，可是一听价钱太贵，他不肯承认他舍不得买，自然会把不是推到我们做生意的头上，这是一般客户的通病。假如你想做成这笔生意，一定要变换一种方式，在不损伤他的优越感的情形下，使他买一种比较便宜的货。”

店员听后自然心服口服。

俗话说，“人心如面，各不相同”。在销售过程中，销售员肯定会遇到各种各样性格的客户，懂得随机应变、灵活应对就显得尤为重要。

不同的客户，在购买动机、性格习惯、收入水平、文化水平、年龄、性别等方面都有所不同。不同的时间和场合，由于客户的需求不同、要解决的问题不同、洽谈环境不同、洽谈气氛不同，自然也会要求销售员采取不同的谈话方式和内容，使用不同的语言艺术。

一名优秀的销售员知道见到什么人说什么话，他们往往能够灵活地随机应变。对于那些不知变通的销售员来说，则应该改变自己死板的销售方法，学习人家的灵活机动。

销售实训

其实，在任何跟人打交道比较多的行业里，“了解人”的能力都是至关重要的。对于销售员来说尤其如此。能够读懂客户的想法，准确迅速地做出判断，这种能力对于销售员就像法律知识对律师、医学知识对医生那样重要。优秀的销售员能够接纳不同性格、脾气和心境的客户，并能迅速调整自己，以应付各种不同的情况。

那么客户到底有哪几类，应该采取什么样的策略去对待呢?

大体来说，客户可以分为以下几种性格类型。针对这些不同类型，销售员可以采取相应的策略。

1. 冷静型客户

有的客户喜欢冷静地思考，爱以怀疑甚至厌恶的眼光观察人，对待这样的客户，销售员要注意倾听他们所说的每一句话，努力推断他们的想法，态度要谦和有礼，不能急，但在解说和介绍时要热情大方。

2. 好奇型客户

有的客户好奇心比较强，喜欢听销售员介绍，并且不时发问，他们一般是好买主，属于冲动购买的类型。对待这种客户，销售员要主动热情，使他们乐于接受，还可以告诉他们现在正在打折等促销信息，以促其成交。

3. 自以为是型客户

有的客户喜欢夸夸其谈，在听商品介绍时总爱不时打断说“这我早知道了”，其实他心里也知道自己知道的远不如销售员多。面对这种客户，不妨布个小陷阱，在说明情况之后告诉他：“我不想打扰您了，您需要多少呢？”

4. 虚荣型客户

有的客户比较虚荣，喜欢夸耀自己的财富，却不一定真的有钱。对这种客户，应该在他们自我夸耀时顺势附和他，在接近成交时，对他说：“您先交付订金，余款改天再付就行。”这样，可以保全他的面子。

5. 内向型客户

有一种内向型客户，他们害怕跟销售员接触，因为知道自己容易被说服，往往局促不安，但又害怕在销售员面前表现出来。对这种客户要谨慎稳重，细心观察，坦率地肯定他的优点并说服他听你介绍，才有可能成交。

6. 先发制人型客户

有的客户一见面就爱先发制人地说：“我只看看，不想买。”这样的客户作风干脆，虽然一开始持否定态度，但他们的这种抗拒并不一定很强。对待这样的客户，你可以先不予理会，因为他们的话不一定是真心的。只要你用真诚的态度接近他们，就容易成交。

7. 多疑型客户

有的客户生性多疑，他们对销售员所说的话和所介绍的商品，总是抱着怀疑态度。对这样的客户，销售员要用亲切的态度与之交谈。在进行商品说明时，言辞恳切，一点点地打消他心中的疑虑。

实例 03　准确称呼客户的名字

点·睛·提·示

一个人的名字，对他来说，是任何语言中最甜蜜、最重要的符号。记住对方的名字，并把它叫出来，等于很巧妙地给对方一个赞美。

世界上最美妙的声音是什么？答案是：听到自己的名字从别人的口中说出来。一般地，销售员若能准确叫出客户的名字，客户会感到亲切；反之，对方会产生疏远感、陌生感，不仅增加双方的隔阂，甚至使销售都无法进行下去。

一位销售员急匆匆地走进一家公司，找到经理室敲门后进屋。“您好，罗杰先生，我叫约翰，是打印机公司的销售员。”

“约翰先生，你找错了人吧。我是史密斯，不是罗杰！”

“噢，真对不起，我可能记错了，我想向您介绍一下我们公司新推出的彩色打印机。”

“我们现在还用不着彩色打印机。”

“原来是这样。不过，我们有别的型号的打印机。这是产品资料，”约翰将资料放在桌上，“这些请您看一下，上面有很详细的介绍。”

“抱歉，我对这些不感兴趣。”史密斯说完，双手一摊，示意走人。

准确地记住客户的名字在销售活动中具有至关重要的作用，甚至这种销售技巧已经被人们叫做记名销售法则。美国最杰出的销售员乔·吉拉德能够准确无误地叫出每一位客户的名字。即使是一位五年没有见面的客户，只要与乔·吉拉德碰面，乔·吉拉德也会让客户觉得你们是昨天才见面的，并且他今天还非常挂念这位客户。乔·吉拉德这样做会让别人感觉自己很重要。如果你能让某人觉得自己很重要，他就会较容易接受你的请求。

可见，记住别人的名字是非常重要的事，忘记别人尤其是客户的名字则是无礼的。能够记住客户的名字，其实也表示你对他的关注、重视、了解和尊重。当客户受到尊重，他感觉到自己的人生价值被肯定，也会对你回报同样的重视和尊重。

销售实训

要牢记客户的名字，可参考下面四种方法：

1. 用心听记

把准确记住客户的姓名和职务当成一件非常重要的事，每当认识新客户时，一方面要用心注意听其介绍自己，一方面要牢牢将其所说记住。若听不清对方的大名，可以请其再重复一遍。如果还不确定，那就请其示范如何拼写。切记，每一个人对自己名字的重视程度绝对超出你的想象，客户更是如此。记错了客户名字和职务的销售员，很少能获得客户的好感。

2. 不断重复，加强记忆

几乎每个销售员都有过这样的情况：当客户告诉你他的名字后，不一会儿你就把这个人的名字忘记了。这个时候，你需要在心中将其名字多重复几遍，才会记牢。因此，在与客户初次谈话时，可以尽量多叫几次对方的名字。如果对方的姓名或职务少见或奇特，不妨请教其写法与取名的原委，这样更能加深印象。

3. 用笔辅助记忆

在得到客户的名片之后，可以把他的爱好、专长、生日等信息写在名片背后，以帮助记忆。若能配合照片另制资料卡则更好。不要一味依赖自己的记忆力，万一出错，则得不偿失。

4. 运用有趣的联想

联想是一种有趣的记忆名字的方式。销售员可以根据客户的个性特征、名字谐音等，产生联想，以帮助自己记忆。联想有助于销售员对客户的名字留下深刻记忆，很多时候我们看到现实生活中的一个特定的场景就会想起小时候或者很好的朋友的相应经历，联想在这其中功不可没。

销售员可以运用谐音帮助记忆。比如：如果一个客户的名字叫“严婉庄”，销售员可以倒过来记忆为“装碗盐”，这样马上就把这个客户的名字记住了，但是销售员千万要注意，在见到客户的时候千万不可以用“装碗盐”称呼客户。

实例 04　用寒暄打开访谈的局面

点·睛·提·示

寒暄是销售的前奏，它的“调子”定得如何，直接影响着整个销售过程。

有的推销员认为寒暄只是一种客套，营销大师原一平认为这是一种错误的认识，他说正确的寒暄必须在短短的几句话中，明显地表露出你对对方的关怀与尊敬。寒暄是正式推销的前奏和催化剂，不仅能够在客户双方之间架起一座桥梁，而且直接影响着整个推销谈判的过程。寒暄内容与方法得当与否，往往是与客户关系好坏的关键，所以要特别重视。

被美国人誉为“销售大王”的霍伊拉先生听说梅依百货公司有一宗很大的广告生意，便决定将这笔生意揽到自己手中。为此，他开始想方设法了解该公司总经理的专长及爱好。经过了解，他得知这位总经理会驾驶飞机，并以此为乐趣。

于是霍伊拉在同总经理见面并相互介绍后，便不失时机地问道：“听说您会驾驶飞机，是真的吗？这年头有这种本领的人可不多！您是在哪儿学的？”这一句巧妙的寒暄之语挑起了总经理的兴致，他谈兴大发，兴致勃勃地谈起了他的飞机和他学习驾驶的经历。

结果，霍伊拉不仅得到了广告代理权，还荣幸地乘坐了一回总经理亲自驾驶的专机。

可见，恰当的寒暄是开始推销的最好的铺垫。销售人员在面对客户的时候如何打开话题，让对方觉得和你有话可谈，甚至愿意和你成为知己，并建立长期的合作关系，这些都显得非常重要。如果一开始就使对方感到亲切、自然，将有助于缩短我们与客户之间的距离，为推销开局阶段创造一种良好的氛围。

寒暄的恰当与否关键在于话题的选择。什么样的话题是恰当的寒暄话题呢？有经验者认为，凡是能引起对方兴致的话题都适于作寒暄的话题。

销售实训

许多知识丰富的专业销售员认为，销售员一般只有25秒钟左右的时间去赢得客户的兴趣。同时，越来越多的销售员坚持认为对于态度消极和冷漠的客户加紧催逼是无济于事的。对待这样的客户，可采取以下几种寒暄方法：

1. 应有主动热情、诚实友善的态度

寒暄时选择合适的方式、合适的语句是非常必要的，但合适的方式、语句的表现，还有赖于主动热情、诚实友善的态度。只有把这三者有机地结合起来，寒暄的目的才能达到。例如，与客户见面时说“你好，王经理”，与说“王经理，你好，很高兴见到你，看你满面红光，最近有什么好事”就不大一样了。前者为纯粹的打招呼，而后者就是有针对性的关心了。试想，当别人用冷冰冰的态度对你说“我很高兴见到你”时，你会有一种什么样的感觉？推己及人，我们寒暄时不能不注意态度。

2. 敢于向客户抛出话题

销售员要大胆地和客户交流，敢于向客户抛出话题。很多销售新手在刚开始和客户做业务时，有时候不知道跟客户讲些什么，有很多的顾虑，这样很容易冷场。

3. 应提出拜访目的和你能给客户带来的益处

在寒暄中，销售员还应提出拜访目的和能给客户带来的益处。为什么要介绍对客户的益处呢，这样可以避免使客户觉得你要销售的东西与他没关系，对他没有什么益处。

4. 寒暄应该友好而简短

寒暄应该友好而简短，你的态度和微笑应该有利于创造一种友好的气氛。密切注意观察你的客户，买与不买的表现通常是很明显的。这种表现告诉你，你应进入销售环节中的哪一步了。

5. 寒暄适可而止，因人而异

寒暄要因人而异，不要对谁都是一个说法；要注意适度，适可而止。恰当、适度的寒暄有益于销售，而过多的溢美之词只会给人虚伪、客套的感觉，当然，对方有聊的兴致时例外。有经验的销售员，总是善于从寒暄中找到契机，因人而异，“言归正传”。

6. 寒暄的内容可以是多方面的

寒暄的内容可以是多方面的，销售员应尽量把话题引到客户感兴趣的内容上去。最常见的是问客户的家乡是哪里的，有什么风土人情，客户是否经常旅游，旅游过程中的见闻，以及客户的爱好等，都可以聊。当然这需要销售员有很广泛的兴趣爱好以及很广的知识面，如果这些方面不足，就应该经常去充电、学习。

实例05　找到开启客户话匣子的钥匙

点·睛·提·示

选择一个有趣的话题，打开客户的“话匣子”，可以缩短和客户之间的距离，消除陌生感，让客户更容易接受你。

凡到过牡蛎湾拜访过罗斯福的人，无不对他广博的知识感到惊奇。“无论是一个牧童，猎骑者，纽约政客，还是一位外交家，”勃莱特福写道，“罗斯福都知道同他谈些什么。”那么罗斯福是如何做到的呢?

其实答案很简单。无论什么时候，罗斯福每接见一位来访者，就会在这之前的一个晚上阅读有关这个客人所特别感兴趣的东西以便找到令对方感兴趣的话题，防止自己在谈话方面处于劣势。罗斯福同所有的领袖一样，懂得与人沟通的诀窍就是："谈论他人最引以为贵的事情。"

所以，在和客户交谈中，我们不能只顾自己的喜乐爱好，洋洋自得地反复谈论自己的商品；而要通过不断发问发现客户感兴趣的话题，帮助其打开"话匣子"，如此才能缩短和客户之间的距离，让客户变得更亲切，也更容易接受自己。

为了找到客户感兴趣的话题，原一平在与准客户谈话时，交谈的话题就像旋转的转盘一般，转个不停，直到准客户对该话题发生兴趣为止。

举例来说，在与准客户见面后，先谈时事的问题；没反应，立刻换嗜好问题；(如果他有兴趣，从眼神中可看出)再没反应，又换股票问题，如此更换不已。

原一平曾与一位对股票很有兴趣的准客户谈到股市的近况。出乎意料，对方反应冷淡，莫非他已把股票卖掉了吗？原一平接着谈到未来的热门股，他眼睛发亮了。原来他卖掉股票，添购了新屋。因而他对房地产的近况谈得很起劲。最后原一平知道他正待机而动，准备在恰当的时机，卖掉房子，买进未来的热门股。

这一场交谈，前后才九分钟。如果把他们的谈话录下来重播的话，一定都是片片断断，有头无尾。原一平就是用这种不断更换话题的"轮盘话术"，寻找出准客户的兴趣所在。

在寻找客户感兴趣的话题时，销售人员要特别注意一点：要想使客户对某种话题感兴趣，你最好对这种话题同样感兴趣。因为整个沟通过程必须是互动的，否则就无法实现具体的销售目标。如果只有客户一方对某种话题感兴趣，而你却表现得兴味索然，或者内心排斥却故意表现出喜欢的样子，那客户的谈话热情和积极性马上就会冷却，这是很难达到良好沟通效果的。所以，销售人员应该在平时多培养一些兴趣，多积累各方面的知识，至少应该培养一些比较符合大众口味的兴趣，比如体育运动和一些积极的娱乐方式等。这样，等到与客户沟通时就不至于捉襟见肘，也不至于使客户感到与你的沟通寡淡无味了。

销售实训

只有那些能引起客户兴趣的话题才可能使整个销售沟通充满生机。客户一般情况下是不会马上就对你的产品或企业产生兴趣的，这需要销售人员在最短时间内找到客户感兴趣的话题，然后再伺机引出自己的销售目的。通常情况下，销售人员可以通过以下话题引起客户的兴趣：

（1）提起客户的主要爱好，如体育运动、娱乐休闲方式等。

（2）谈论客户的工作，如客户在工作上曾经取得的成就或将来的美好前途等。

（3）谈论时事新闻，如每天早上迅速浏览一遍报纸，等与客户沟通时首先把刚刚通过报纸了解到的重大新闻拿来与客户谈论。

（4）询问客户的孩子或父母的信息，如孩子几岁了、上学的情况、父母的身体是否健康等。

（5）谈论时下大众比较关心的焦点问题，如房地产是否涨价、如何节约能源等。

（6）和客户一起怀旧，比如提起客户的故乡或者最令其回味的往事等。

（7）谈论客户的身体，如提醒客户注意自己和家人身体的保养等。

对于客户十分感兴趣的话题，销售人员可以通过巧妙的询问和认真的观察与分析进行了解，然后引入共同话题。因此，在与客户进行销售沟通之前，销售人员十分有必要花费一定的时间和精力对客户的特殊喜好和品位等进行研究，这样在沟通过程中才能有的放矢。

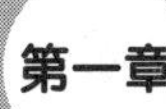

实例 06　用真诚和热情打动客户

点·睛·提·示

作为一个销售员，必须抱着一颗热情和真诚的心，诚恳地对待客户。只有这样，别人才会尊重你，把你当做朋友。

乔·吉拉德认为，在销售事业中，真诚和热情尤为重要。推销过程中要学会表现你的真诚和热情，并用它去感染周围的人，只有这样才能赢得客户的信任和支持，从而获得比别人更多的机会。

在营销生涯中，乔·吉拉德努力做到让每一位客户心甘情愿地到他那儿去买车，如前文所述，即使是一位五年没有见过面的客户，只要踏进乔·吉拉德的办公室，乔·吉拉德都会热情地接待他，让他觉得非常挂念他，从来没有忘记他。

对于热情真诚地对待客户这一点，乔·吉拉德说："你知道，真诚是你从书本上读不到的东西，只可意会，不可言传，你得学会自然，人们喜欢诚实的人，一个营销员必须诚实并且处处为客户着想。打个比方，你知道是什么东西造就一家生意兴隆的餐馆的吗？是一传十、十传百的声誉，是那些伟大的餐馆的厨师呈上的爱心和热情。"

乔·吉拉德这样说，也是这样做的。他每卖一辆车，都力争使客户像刚走出一家餐馆时一样感到心满意足。买过他汽车的客户也都这么说，他们认为乔·吉拉德办事认真，待人热情，从而喜欢从他那里买车。

热情代表着一种积极的精神力量，这种力量不是凝固不变的，而是不稳定的。不同的人，热情程度与表达方式不一样；同一个人，在不同情况下，热情程度与表达方式也不一样。但总的来说，热情是人人具有的，善加利用，可以使之转化为巨大的能量。因为只有满怀热情，才能具备觉察秋毫的敏感。

纽约中央铁路公司总经理佛瑞德瑞克·威廉生曾经说过：“成功的人和失败的人在知识、能力和智慧方面的差别往往不大，但是如果两个人各方面才能相差无几，其中那个具备热情的人一定能够得偿所愿。”要想成为一个成功的销售员，同样需要足够的热情与真诚，不仅是对生活热情、对事业真诚，更要把这种诚恳与热情传递给你身边的每一个客户，把热情视为销售事业的灵魂，把真诚视为销售成功的支柱。作为一个销售员，必须抱着一颗真诚的心，诚恳地对待客户。当客户感受到我们的真诚与热情，客户才会尊重你，把你当做朋友，我们的事业也必将因此壮大、发达。

销售实训

环顾我们身边那些推销获得成功的伙伴，无一不是真诚热情地对待客户，永远都让人感受到他的真诚和热情，永远都是那样地热爱自己的销售事业，从而比别的伙伴更早获得成功。

1. 真诚地为客户着想

哪个客户都不喜欢冷漠的销售员，相反，销售员发自内心的热情却能融化客户的冷漠拒绝，赢得客户的信赖。这也就要求销售员要站在客户的立场上想问题，用热情的服务使客户感到满意，这样他们才会心甘情愿地掏钱去买你的产品。

真诚地为客户着想是热情的最佳表现形式。只有真诚地为客户着想，才能了解到客户的真正需求，从而刺激客户的购买欲望。因为只有发自内心的热情才最能打动人心，伪装出来的热情迟早会被人察觉。

2. 对待工作要认真

要想做好销售工作，销售员就要把销售作为自己一生的事业来经营、呵护，认真负责地对待销售工作。一个对工作充满热情、认真诚恳的销售员，能够以积极的态度处理工作中出现的任何问题，以诚恳有礼的心态对待自己的每一个客户。

即使面对客户的不屑或指责，我们也要用自己的言语和行动感染客户，间接地告诉他们：我会对工作负责，我会为我的客户着想。相信客户肯定会尊重你的人格、尊重你的职业、尊重你所销售的产品。

3. 对待生活要充满热情

销售员热情真诚的生活态度，会激起客户的购买热情，会影响他的客户以及他的工作业绩。没有一个客户愿意和一个冷冰冰的销售员交谈，更不用说购买他所销售的产品了。学会练就自己的推销热情，做一个对生活充满热情的人。每天出门前对着镜子中的自己微笑；每天睡觉前对自己说一些鼓励的话；多参加集体活动，和朋友一起聚餐、郊游；每天抽出一段时间做自己喜欢的运动，如跑步、打羽毛球、游泳等。

实例 07　用微笑建立彼此的信任

点·睛·提·示

微笑是一种修养，是一种风度，是一种气质。推销员一个真诚的微笑，就可以体现出难得的成熟和从容的人生态度，再挑剔的客户也会被这种成熟与从容融化。

微笑能建立信任，纵观历史，在任何时代，任何地区，任何民族中，微笑都是人际交往的通行证，没有一个人会拒绝微笑。俗话说“抬手不打笑脸人”，微笑的魅力由此可见一斑。与人碰面后，给对方一个热情而又真诚的微笑，对方也会回你一个同样热情而又真诚的微笑，微笑是缩小人际距离最有效的武器。

有一次，原一平去拜访一位脾气古怪的客户。“你好，我是原一平，明治保险公司的业务员。”“对不起，我不需要投保。我向来讨厌保险。”“能告诉我为什么吗？”原一平微笑着说。

“讨厌是不需要理由的！”他十分烦躁地说。

“听说您是这个行业的佼佼者，我真想也能像您一样！”原一平仍旧面带笑容地说。

客户的态度和缓了一些，说："我向来讨厌保险推销员，可你的笑容让我不忍拒绝与你交谈。不如你介绍一下你的保险吧。"原一平这才明白原来这位客户并不是讨厌保险，而是不喜欢推销员。

在接下来的交谈中，原一平始终面带微笑，甚至连客户也被感染了，当谈到彼此感兴趣的话题时，双方都会大笑起来。最后，那位客户高兴地在保单上签上了他的大名并与原一平握手道别。

原一平依靠自己的笑容，在30岁就创下了全日本第一的推销业绩，此后屡创令人惊异的纪录。36岁那年，他加入美国百万圆桌协会(该协会代表了全球顶尖的少量寿险从业人员)。此后，他协助日本政府设立寿险推销员协会，并被推选为会长。在日本的寿险行业中，没有人能够与原一平相提并论。因此，原一平的笑容也被大家誉为"值百万美金的笑容"。

在初入推销界时，原一平为了能够使自己的微笑让别人看起来是自然的、发自内心的，他曾经专门为此训练过。他假设各种场合与心理，自己面对着镜子，练习各种微笑时的面部表情。因为笑必须从全身出发，才会产生强大的感染力，所以他找了一个能照出全身的大镜子，每天利用空闲时间，不分昼夜地练习。

有一段时间，原一平因为在路上练习大笑，而被路人误认为神经有问题，也因练习得太入迷，半夜常在梦中笑醒。历经长期苦练之后，他可以用微笑表现出不同的情感反应，也可以用自己的微笑让对方露出笑容。原一平自豪地说："如今，我认为自己的笑容与婴儿的笑容已经相差无几。"

乔·吉拉德曾说："当你笑时，整个世界都在笑。一脸苦相没人理睬你。"微笑如同直通人心的世界语，能深深地打动冷漠的心灵。

销售实训

微笑能创造命运的奇迹。有人说原一平的微笑价值百万，其实，只要充满自信和真诚，你也一样可以用自己的微笑来创造财富。那么，应当如何让自己时时保持微笑呢?

1. 安装情绪过滤器

面对苦恼，要学会给自己安装一个情绪过滤器，把生活中、工作中不愉快的事情过滤掉，不要被其所支配。到公司上班，就把烦恼留在家里；回到家里，就把烦恼留在公司。这样，你就总能保持轻松愉快的心情。

2. 运用幽默

遇到烦恼的事情，要学会运用阿Q精神，从反面思考，幽他一默，这样往往可以化解我们的情绪，使我们的心情保持愉快。比如，自行车被偷了，这是“旧的不去新的不来，又可以买新车骑了，而且更好骑”。

3. 改变心态

现实中，总有种种不如意、不如愿的地方。比如，有的客户对你不冷不热，有的过于挑剔，有的冷嘲热讽，有的干脆拒绝了你，有的虽有购买意向但就是迟迟不签单等。在这些情况面前，还能轻松面对，微笑相迎吗？能！关键还是要调整好自己的心态。你要看到，这些都是正常的。有疑虑、有想法、买不买、何时买，这是客户的权利。你的责任只是将好的产品、好的服务提供给客户，为客户当参谋。选择的权利、做决定的权利在客户手里，你要尊重他的选择、尊重他的决定，包括他的言谈举止。如果能这样认识的话，你的心情就会释然，你的心态就会平和，你的脸上就会挂满微笑。

实例08 用赞美去接近客户

点·睛·提·示

赞美的力量是无穷的，因为每个人都有自尊心和荣誉感，每个人都渴望得到别人的肯定和称赞。

美国著名心理学家威廉·詹姆斯曾说过：“人性中最本质的愿望，就是希望得到赞赏。”此话的确不假。在实际生活中，每个人都会有些引以为自豪和骄傲的事，希望为人所知，受人称赞。一旦满足了客户这种渴望被赞美的心理，你会发现，赞美的力量是无穷的。特别是在不知道与客户说什么的情况下，真诚的赞美就是最好的开场白，能够拉近你与客户之间的距离，让以后的沟通更加顺畅。

詹姆斯·亚当森是纽约超级座椅公司的销售经理。当亚当森得知著名的感光胶卷大王乔治·伊斯曼为了纪念母亲，要建造伊斯曼音乐学校和尔伯恩剧院时，他很想得到这两座建筑内座椅的订单。他同负责大楼工程的建筑师通了电话，约定拜见伊斯曼先生。在见伊斯曼之前，那位好心的建筑师向亚当森提出忠告：“我知道你想争取到这笔生意，但我不妨先告诉你，如果你占用的时间超过了五分钟，那就一点希望也没有了，他是说到做到的。他很忙，所以你得抓紧时间把事情讲完就走。”

亚当森被领进伊斯曼的办公室，伊斯曼正伏案处理一堆文件。过了一会儿，伊斯曼抬起头来，说道：“早上好！先生，有事吗？”建筑师先为他俩彼此作了引见，然后，亚当森满脸诚意地说：“伊斯曼先生，在恭候您的时候，我一直很羡慕您的办公室，我从未见过这样漂亮的办公室，如果有一间这样的办公室，我也一定会埋头工作的。”亚当森是这样开始谈话的。

伊斯曼回答说：“您的话勾起了我的回忆，这间办公室很漂亮，是吧？当初刚建好的时候我对它也是极为欣赏。可如今，我每来这儿时总是盘算着许多别的事情，有时甚至一连几个星期都顾不上好好看这房间一眼。”

亚当森走过去，用手来回抚摸着一块镶板，就如同抚摸一件心爱之物。“这是用英国栎木做的，对吗？英国栎木的组织和意大利栎木的组织就是有点儿不一样。”

伊斯曼答道：“不错，这是从英国进口的栎木，是一位专门同细木工打交道的朋友为我挑选的。”接着，伊斯曼就带他参观整个办公室，兴致勃勃地介绍那些比例、色彩和手艺。他还打开一只带锁的箱子，从里面拉出他的第一卷胶片，向亚当森讲述他早年创业时的奋斗历程。伊斯曼情真意切地说到了孩提时家中一贫如洗的惨状，说到了母亲的辛劳，说到了那时想挣大钱的愿望，讲了怎样没日没夜地在办公室搞实验等。

五分钟吗？一小时过去了，两小时过去了，他们愉快的谈话还在继续。最后，亚当森很荣幸地被这位胶卷大王邀请共进午餐。吃罢午饭，伊斯曼先生给亚当森看了那几把椅子，每把椅子的价值最多只有1.5美元，但伊斯曼却为它们感到自豪，因为这是他亲自动手油漆的。对伊斯曼如此引以为荣的东西，亚当森自然是大加赞赏。

最后，伊斯曼先生终于从亚当森那里得到了满足，亚当森也轻而易举地取得了那两幢建筑的座椅生意。

正如上述销售事例中所说的，成功赞美的关键就是要找到客户引以为傲的事，然后大力地夸奖它！齐藤竹之助说过："各人有各人优越的地方，至少也有他们自以为优越的地方。在其自知优越的地方，人们喜爱得到别人公正的评价。但对那些希望出人头地而不自信的人，他们尤其喜欢得到别人的恭维。"他还进一步指出："想轻易地发现每个人身上最普遍的弱点，是很简单的事情。只要你观察他们最爱谈的话题便可知。因为言为心声，心中最希望的，也是他们嘴里谈得最多的。你就在这些地方去搔他，一定能搔到他的'痒'处。"

销售实训

渴望得到别人的赞美是人的本性，几句简单的赞美能令人精神振奋，感到无比的温馨。销售员可以利用客户的求荣、求美心理来引起客户注意，进而转入洽谈。这是一种比较普遍且行之有效的方法。销售员在运用赞美策略时，需要注意以下事项：

1. 借用转述来赞美

经旁人转述而来的赞美是最能令人高兴的。转述的赞美是双倍效果的赞美，比当面直接的赞美更有威力、更有意义。例如说："怪不得有人说您越来越漂亮了，刚开始还不相信，这回一见可真让我信服了。"这比说"您真是越长越漂亮了"更有说服力，而且可避免轻浮、恭维奉承之嫌。

2. 真心实意地赞美

赞美同微笑一样，必须是出自内心的才能感动别人。真诚的赞美是实事求是、有根有据，为人们所喜欢的。如果你能以诚挚的敬意去赞美一个人，那个人就会变得更愉快、更通情达理、更乐于与你合作。因此，销售员应努力去发现客户的优点，真诚地对其进行赞美并形成一种习惯。

3. 因人而异地赞美

赞美虽然是一种比较行之有效的方法，但也不能行之太随意，在赞美时应看准赞美的目标，避免冒犯客户。例如说，男人喜欢别人说他有气概、强壮、精力充沛等，而女人则喜欢别人赞美她的发型、容貌、服饰、皮肤好，对老年人应该更多地赞美他辉煌的过去、健康的身体、幸福的家庭或有出息的后辈等，对年轻母亲赞美她的小孩往往比直接赞美她本人更有效……

4. 具体热忱地赞美

以具体化的语言赞美客户能让客户感觉到你的真诚，例如："你那篇文章写得真好，特别是最后一个问题很有新意。""你这件衣服很好看，与你的发型很相配。""您的孩子长得真像爸爸，将来也肯定是个社会精英。""您住的地方环境真好，眼光确实不同凡响。""您家院子真漂亮，是先生自己照顾的吗？您在工作之余还将院子整理得这么好，真是佩服。""听说您在书画方面也堪称专家，外界仰慕您书画的人也很多呀！""您的书架这么大，藏书一定很多吧。"

5. 比较性赞美

单纯地赞美客户的某些方面，客户可能会不以为然，但如果你选择客户的某一个具体特点，与客户熟知的人中比他更为成功的人做比较，突出赞美这个点，则会给客户留下深刻的印象，也会激发客户对你的亲近感。

6. 间接性赞美

在赞美他人时，并非越直接越好，有时间接的赞美更能打动人。例如，如果对方是位年轻的少妇，为了避免误会，不如赞美她的丈夫和孩子，这比赞美她本人还要令她受用。

此外，赞美不一定都要表现在言语上，通过目光、手势或者微笑都可以表达出赞美之情。其实，赞美他人并不难，只要稍微动一点脑筋，开口说几句或动笔写几行就可以了，投资虽然很小，回报却很大。我们应牢记马克·吐温说过的一句话："一句赞美的话，可以使我受用两个月。"

实例 09 用幽默打开客户的心扉

点·睛·提·示

每一个人都喜欢和幽默风趣的人打交道，而不愿和一个死气沉沉的人待在一起，所以一个幽默的销售员更容易得到大家的认可。语言幽默的魅力在于话虽然不直说，却让人通过曲折含蓄的表达方式心领神会。

让客户高高兴兴地掏钱买你的东西绝不是一件容易的事情，因为人在接受一件新产品时总是会存在抵触心理，如果销售员在推销时试着表现出爽朗、幽默的谈吐风度，对方一定会慢慢为你打开心扉。

那么什么是幽默？幽默在现实生活中可以说是仁者见仁，智者见智，并无定论。其实语言中的幽默，不过是通过影射、双关、偷换概念等方法，使人在谈笑中化解尴尬气氛，营造和谐氛围的一种手段。

优秀的销售员都认为那种不失时机、意味深长的幽默是一种使人们身心放松的好方法。因为它能让人感觉舒服，有时候还能缓和紧张气氛，打破沉默和僵局，让客户在会心一笑后，对你、对产品或服务产生好感，从而诱发购买动机，促成交易的迅速达成。

一位思想活跃、诙谐幽默的大学生，毕业之后当了一名广告位销售员。

一次，他到一家报馆销售产品，他没有开门见山地说明他的真实来意，而是向报馆的人询问道："你们需要一名有才干的编辑吗？"

"不！"

"记者呢？"

"也不需要。"

"印刷厂如果有缺额也行！"

“不，我们现在什么空缺也没有。”报馆的人开始不耐烦了。

“喔，那你们一定需要这个！”

年轻的销售员边说边从皮包里取出一块精美的牌子，上面写道：“额满，暂不雇人。”逗得报馆的人哑然失笑，他也轻而易举地获得了销售的成功。

美国心理学家赫布·特鲁说：“幽默可以润滑人际关系，消除紧张，减轻人生压力，使生活更有乐趣。它把我们从个人小天地里拉出来，使我们一见如故，寻得益友。它帮助我们摆脱窘迫和困境，增强信心。在人生的道路上知难而进。”幽默的魅力是无穷的。当销售员把幽默带进销售领域，形成幽默的销售风格，在激烈的销售市场中就会多一份获胜的希望和意外的欣喜。

一位优秀的销售员，必须要具备能很快接近客户并打消客户戒备和抵触心理的本事，从而达到成功销售产品或服务的目的。

销售实训

幽默帮你建立人际关系的速度之快，没有其他事物可以比得上。幽默让别人觉得你在场真好，让别人有笑容，它能够让别人期待与你交谈，而不是挂断你的电话，它是销售的良药。你如何使用这威力强大的工具去完成更多的销售呢？这儿有几个指导方针：

（1）在开场白中使用幽默，给会面营造一种愉快的基调。越早让客户笑出来越好。笑是赞同的一种表现形式。

（2）不要拿别人开玩笑。如果客户正好认识你嘲笑的那个人，或者和笑话结尾出现的傻家伙正好有关，那你就完了。如果听的人又去跟别人转述你的笑话，那么总有一天你会受到惩罚的。

（3）在笑话中自嘲。这显示出你是一个平易可亲的人，而且是一种安全的幽默。

（4）有人不喜欢笑话。在你说完笑话之后得到一阵沉默，这是很恐怖的。当你对人讲笑话以前，要确认别人也认为它好笑。不过，不论笑话的可笑性事先得到了多好的验证，也还是偶尔会出现听笑话的人就是“不通电”的状况。

（5）不要拿种族问题开玩笑，除非你是在嘲笑自己的种族：这不是建议，而是规则。

（6）先倾听、后玩笑。在开口之前先试着判断对方是哪种类型和风格的人。恰到好处的幽默对你的帮助有多大，不合时宜的幽默对工作的妨害就有多大。

（7）尽量以个人经历而不是编出的故事作为笑话。讲一讲你办公室里、你孩子身上和你小时候的趣事。

实例 10　从言谈中展示你的责任心

点·睛·提·示

责任心是最基本的职业精神，它可以让一个人在工作中脱颖而出。在销售中更是如此，负责任的销售员才能得到客户的信任。

每个人从学会说话开始就有了与人沟通的本领，那么，销售员要如何才能灵活地运用自己这与生俱来的本领，与客户实现成交呢？

很多销售员认为，良好的沟通能力就是能说会道，在介绍产品时侃侃而谈，在争取订单时游刃有余，其实并非如此。这些只是销售员在与客户沟通时必备的口才技巧。除此之外，销售员还要有责任心，即对产品负责，对客户负责，对公司负责，对自己负责。不仅如此，这种责任心还要让客户从你的言谈举止中体会到。

A 公司一直苦于拿不到甲客户的订单，为此派出了最优秀的销售员，甲客户仍然不为所动。

一天，A 公司的销售员全部外出，只留下一位很年轻的销售员，这时，电话响起。

“您找我们公司老板？他现在不在，请留下电话，我会帮您联络他。”年轻人很有礼貌地留下了来电者的姓名和电话。

他写了一张字条放在老板的桌上，并打电话给老板，但联络了数次，电话始终未能接通，眼看着下班时间就要到了。

下班前，新销售员打了一通电话给之前的来电者，告诉对方找不到老板这件事，并请对方留下家中电话。

回到家之后，该销售员还是继续打电话给老板，这次电话终于接通。

第二天，老板告诉大家："我们公司终于拿下甲客户的订单了！"

原来，这位打电话来的人就是甲客户，他说："我决定要将100万元的订单给你的公司，但是有一个条件，必须由接我电话的那位销售员来处理，如果他离开了，那么这笔订单也就不存在了。"

这位年轻的销售员，基于对工作的负责，竟换来了一笔大订单。后来，他不但成为非常出色的销售员，还成为公司的经理。

责任心是取得成功的必要条件，没有责任心，再怎么努力也只是徒劳。因此，销售员必须让客户从你的言谈中感觉到你的责任心，这不是一朝一夕就可以做到的，需要你从一开始就学会对产品、客户、公司和自己负责，并有效地与客户沟通，让客户感觉你值得信赖。只有做到了这些，客户才会从心中认定你是一个有责任心的销售员，才会与你有长久的合作。

销售实训

据美国纽约销售与市场协会的一次调查显示：71%的美国人购买销售员销售的产品的原因主要是这位销售员是个有责任心的人。可见责任心对销售员业绩提升的作用之大。

1. 对产品负责

对产品负责不仅是销售员的责任和义务，也是一个公司上到领导层、下到普通员工的共同责任。只有对产品负责，才能赢得回头客，才能有长久的发展。作为一名有责任心的销售员，如何对产品负责呢？首先，不要将有质量问题的产品销售给客户，即便客户没有发现；其次，如果销售员在不知情的情况下将有问题的产品销售给了客户，一定要主动承担责任，切忌有以下言论：

"产品有问题是售后服务部门的事，你应该找他们，我不管这事。"

“这款产品质量就这样，一分价钱一分货，我当时让你买贵的，谁叫你不同意。”

“先生，你说的这些都是产品本身所带来的问题，我不是生产部门，给你解释不了。”

“小姐，你看好了，这些产品售出之后，有什么质量问题我们是不负责的。”

对自己的产品以及相关的附加值负责是一个企业的立身之本，也是一个销售员最起码要具备的素质。产品售出后，如果销售员遇到难以解决的问题，不要与客户争吵，而是要找相关人员（比如产品研发部门、售后服务部门等）一起研究，给客户一个合理的解释。

2. 对客户负责

“己欲立而立人，己欲达而达人。”对别人关心体谅，你也会获得同等的回报。作为一名销售员，只有对客户负责并关心、体谅他，客户才会信任你，你才能有更多的成交机会。

对客户负责要注意以下细节：

（1）诚实对待客户，不能欺骗客户。

（2）帮助客户选择最适合他的产品，而不是最贵的，也不是你提成最高的产品。

（3）与客户合作要有双赢的理念，即客户赚到钱，你才能赚到钱。

（4）尽你最大的限度帮助客户实现其所想。

3. 对公司负责

经常可以见到这样的销售员，他们在谈到自己公司时，使用的通常都是“他们”而不是“我们”；在提到竞争对手的公司时，总认为对方考核制度多么合理，管理多么人性化，对自己公司的一切却嗤之以鼻。这样的销售员对公司缺少一种起码的责任心和归属感。

一位优秀的销售员应该具备这样的心态：我属于这个公司，并不仅仅因为我在这里工作，而是因为我的内心告诉我，我要在我的岗位上做出我的贡献，我必须对我的公司负责。只有对公司负责，你才能在公司给你提供的这个平台上成长、成熟，最后成功。

4. 对自己负责

上文我们强调销售员要“对产品负责、对于客户负责、对公司负责”，其实，归根结底是要对自己负责。你是在为自己工作。负责、敬业应该永远是每个人在工作中遵守的原则，销售员应该永远用这样的态度来对待自己的工作。

如果想成为优秀的销售员，不妨用这种方式来证明自己，把销售产品当做自己的事业，从心里认为这是为自己工作，而不是为公司工作。

实例 11　对客户要尊重

点·睛·提·示

卡耐基有一句名言："在跟别人相处的时候，我们要记住，和我们交往的是充满感情的人，是充满偏见、骄傲和虚荣的人。"人类本性中永远期望能被人赞美、钦佩和尊重。

在销售过程中，要想让客户选择你的产品或者接受你提供的服务，就必须尊重客户，令客户感觉到他在你心目中的重要性。

有一天，一位中年女士从乔·吉拉德所在的汽车销售商店对面的福特汽车销售商店走进了乔·吉拉德的办公室。她说自己很想买一辆白色的福特车，就像她表姐开的那辆，但是福特车行的经销商让她过一个小时之后再去，所以先过这儿来瞧一瞧。"夫人，欢迎您来看我的车。"吉拉德微笑着说。中年女士兴奋地告诉他："今天是我 55 岁的生日，想买一辆白色的福特车送给自己作为生日礼物。""夫人，祝您生日快乐！"吉拉德热情地祝贺道。随后，他轻声地向身边的助手交代了几句。

吉拉德领着中年女士从一辆辆新车面前慢慢走过，边看边介绍。在来到一辆雪佛莱轿车前时，他说："夫人，您对白色情有独钟，瞧这辆双门式轿车，也是白色的。"

就在这时，助手走了进来，把一束玫瑰花交给了吉拉德。他把这束漂亮的花送给这位中年女士，再次对她的生日表示祝贺。这位中年女士感动得热泪盈眶，非常激动地说：“先生，太感谢您了，已经很久没有人给我送过礼物。刚才那位福特车的销售商看到我开着一辆旧车，一定以为我买不起新车，所以在我提出要看一看车时，他就推辞说需要出去收一笔钱，我只好上您这儿来等他。现在想一想，也不一定非要买福特车不可。”

后来，这位中年女士就在吉拉德那里买了一辆白色的雪佛莱轿车。

自始至终，乔·吉拉德都没有说过一句劝客户放弃原计划而改买自己推销的汽车的话，可是他却成功地拿到了订单。也许正是因为吉拉德拥有一颗尊重客户的心，他的销售事业才取得了一次又一次的成功。

在销售中，销售员应该尊重每一位客户，即使这位客户到目前为止还没有一点要购买的打算，你也应当像吉拉德一样去尊重他们，这样你就不会失去任何一位潜在的客户。

晨光公司要添置300万元的办公家具，公司总经理决定向华美家具公司购买。

一天，华美家具公司的销售主管小李打来电话，说要来拜访晨光公司的总经理。总经理心想：反正订单已经下了，等小李过来以后在订单上盖上章就可以了。

可是小李不仅仅是为这张订单而来，他还打听到晨光公司职工宿舍楼即将落成，希望晨光公司职工宿舍需要的设备也能向华美公司购买，所以他带来一大堆资料，摆满了桌子。当时总经理正好有事，便让秘书顺便接待一下小李。秘书递给小李一张总经理的名片，与他攀谈起来。等了一会儿，小李见总经理实在脱不开身，只好收起资料说：“我改天再来打扰吧。”

在小李收拾资料准备离开的一瞬间，总经理忽然发现小李不小心把自己的那张名片掉在了地上，并且在转身时又不小心踩了一脚。当时，总经理的心里十分不是滋味，他当即让秘书通知小李，取消了订单。就因为这一看似小小的失误，小李永远失去了与这家公司做生意的机会。一张即将到手的大订单成为了泡影。

尊重客户，既要尊重客户本人，也要尊重与客户有关的人和物。如果能让客户从你这里体会到受尊重的感觉，那么你就离成功不远了。

销售实训

很多时候我们都说要尊重客户，这是一个老调重弹的问题了。但如何在销售中体现出尊重客户呢？这还是值得我们进一步探讨的。

1. 对待客户要有礼貌

尊重客户要先从对其有礼貌开始，不要吝啬“请”和“谢谢”等简单的词句。而且，对客户的尊重不应以他们的行为方式、外表和社会地位作为依据，应给予其同等的尊重，因为每个人都可能会成为你的大客户，尊重他人，你会得到更多的回报。

2. 让客户感到自己重要

销售员在与客户沟通的过程中，一定要让客户感到他很重要。因此，销售员应摆正心态，否则行为只能令客户反感，更达不到成功售出产品的目的。

3. 尊重客户的选择

在很多时候，客户可能已经购买了一些相关产品，以专业人员的眼光来看，这些产品可能并不是很符合要求。但是，客户在购买这些产品时肯定是经过仔细考虑的，因此要尽量避免说“这个产品很烂”或“我把这个卸了给你装个更好的”之类的话，可以用比较委婉的语气发表自己的意见。

4. 尊重客户的意见

客户的意见无论是对是错，是深刻还是幼稚，销售员都不能表现出轻视的样子，如不耐烦、走神、东张西望、绷着脸、耷拉着头等。销售员要双眼正视客户，面部略带微笑，表现出全神贯注的样子。并且，销售员不能语气生硬地对客户说“您错了”、“连这您也不懂”；也不能显得比客户知道得更多——“让我给您解释一下……”、“您没搞懂我说的意思，我是说……”这些说法明显地把客户的意见全盘否定了，不尊重客户的意见，把双方的观点对立起来，那你离成交也就越来越远了。

因此，销售员应尊重客户的意见，让客户感觉到你有一个宽容而博大的胸怀，从而使其也尊重你的意见。

实例 12 不遗余力向客户表达你的认同

点·睛·提·示

认同和赞美一样，是销售中的润滑剂。如果销售员能对客户表现出认同感，能让客户感觉到你能理解他、关心他，是与他站在一起的，就能顺理成章地赢得他的信任。

表达认同心理（即同理心）与赞美一样，是销售沟通中的“润滑剂”。推销大师乔·吉拉德说：“当你认为别人的感受和你自己的一样重要时，才会出现融洽的气氛。”在销售过程中，销售人员必须学会表达认同，多从客户的角度设身处地、将心比心地考虑问题，尽量了解并重视客户的想法，就能更容易保证交易成功。

生活中我们常说：“人同此心，心同此理。”强调的也是同理心。无论是在日常生活还是在工作中，凡是有同理心的人，都善于体察他人的意愿，乐于理解和帮助他人，这样的人最容易受到大家的欢迎，也最值得大家信任。

一位营销培训专家时常问他的学员：“如果你的一位朋友向你抱怨，现在经济这么不景气，生活压力很大啊！这时，你会对客户说什么？”很多学员都会这样回答：“是啊，现在生活真是太不容易了！”这就是在向客户表达自己的同理心。

如果你觉得这种话很没有意义，和自己的销售也没有多大关系而不予理会的话，就会让客户反感。同样的道理，如果客户兴奋地说：“今天我儿子考上了大学。”富有同理心的客户会自然地说：“真是值得羡慕啊，他上的是什么专业？”这样可能一下子就打开了客户的话匣子。但如果简单敷衍过去，并很快将话题转换到销售中来，不仅不礼貌，还会让客户受到伤害。

在这一点，吉拉德跟我们分享了他的经历。在一次销售活动中，一个客户跟他说起儿子上大学的事情，他没有给予足够的认同，结果客户很失望，然后在另外一个愿意和他谈家常的销售员那里购买了汽车。吉拉德深有感触地说：“当客户与你分享时，你一定要给予最恰当的回馈。”有时哪怕只是很小的认同，就能够使客户感觉到你的真诚，并最终保证交易成功。

销售实训

在销售中，销售人员应该首先向客户表达你的认同，让客户感受到你在理解他、关心他，这样做有助于激发客户的心理共鸣。激发了客户的心理共鸣，也就赢得了客户的信赖，成功便指日可待。下面这几种方法可以有效地表达你的认同心理。

（1）向客户表示你能够理解并体会他现在的感受。“张总，如果出现这样的事情，我也会这样想。”“张总，我能够理解您现在的感受，以前我也遇到过这种情况。”

（2）向客户表示认同他的想法。“张总，您这样做肯定是正确的。”“张总，您有这样的想法真的是太好了。”

（3）向客户展示他关心的问题没有被解决所带来的后果。“张总，产品总是出现问题，的确会严重影响您的工作效率。”“张总，如果成本没有办法降下来，那后果可真的难以想象啊！”

（4）向客户表示他的想法获得了广泛的认同。“张总，我以前的客户也都认为成本管理非常重要。”“张总，尽量降低成本，这对每个企业都是非常重要的。”需要注意的是，认同客户不能盲目，销售人员应准确地揣摩客户的心理活动，预测客户的思想感情变化，从内心深处表示自己的认同。

实例13 学会倾听受益无穷

点·睛·提·示

有位哲学家曾说过："自然赋予我们人类一张嘴、两只耳朵，也就是让我们多听少说。"

很多销售员都认为"说"比"听"更加重要，"说"有利于表明他们所销售的产品有多优秀，以此来引导客户选择。所以，他们在与客户沟通时，大部分时间都是自己在滔滔不绝地说，不给客户表达意见的机会。而作为客户，大多数都不会在这种完全被动的交流方式下购买产品。乔·吉拉德就曾有过这样的一次难忘的经历：

有一次，乔·吉拉德向一位客户销售汽车，交易过程十分顺利。当客户正要掏钱付款时，另一位销售员跟吉拉德谈起昨天的篮球赛，吉拉德一边跟同伴津津有味地说笑，一边伸手去接车款，不料客户却突然掉头而走，连车也不买了。

晚上，吉拉德怎么也睡不着，想想白天的事情就是百思不得其解，终于忍不住，给那个客户打电话。在他的一再请求下，客户终于说出他最后一分钟放弃买车的原因："今天下午付款时，我同您谈到了我的小儿子，他刚考上密歇根大学，是我们家的骄傲，可是您一点也没有听见，只顾跟您的同伴谈篮球赛。"

吉拉德明白了，这次生意失败的根本原因是他自己的心不在焉而导致的没有认真去听。

从这个故事中可以看出倾听的重要性，我们应该把其作为自己销售的手段。销售员应耐心认真地倾听客户的每一句话，避免出现心不在焉的现象；即使是自己已经熟知的话题，也不可自以为是，没耐心听下去，因为这些话里有可能会隐含着客户的一些其他的想法，如果你没有领悟到或理解错误，就会造成事倍功半的后果。

一位销售员与客户正在通话，客户讲："我还有一个问题，我听人家讲……"

这时，这个销售员心里面不知有多紧张，因为最近他们的产品确实出了些问题，已经有不少客户来电话投诉，他想他的这个客户一定是要问到这个问题，所以他就打断客户："我知道了，你是指我们产品最近的质量问题吧，我告诉你……"

这个客户很奇怪："不是啊，我是想问怎么付款才好。怎么？你们产品最近有问题吗？你说说看……"

接下来发生了什么？客户取消了订单。

这是倾听客户说话缺乏耐心所要付出的代价。倾听是迈向成功的关键一步，善于倾听，对销售员来说是最基本的素养，也是一种有效的销售技巧。在销售过程中倾听为什么如此重要呢？

倾听是给自己时间与空间来思考客户的谈话内容，以抓住客户的需求点。

你的倾听可以缓解客户的压力，排除他的苦闷，使他走出困境。

你的倾听带给客户的不仅仅是一种礼貌，更是一种尊重。

倾听会让你成为一个受欢迎的人，赢得客户的欣赏。

倾听可以让你真正了解客户的想法，从而把握沟通的主动权。

销售实训

在与客户交流过程中，应该如何做到有效倾听呢？

1. 专心真诚地倾听，并及时回应客户

倾听必须是全神贯注地去听，并辅助以适当的表情、动作或简短的回应，这样才可以激起客户继续谈话的兴趣，并被支持和认可。例如客户说："除了黄色和白色，其他的颜色我都不太满意。"这时你就应该给予及时回应："噢，是吗？您觉得淡蓝色如何呢？"

倾听中的提问要言简意赅，而且紧紧围绕谈话主题。提问时，要以理解、尊重的态度，认真、诚恳而准确地提出一些对方能接受的问题。选择合适的时机，不要太早也不要太迟，就正在讨论的事情提问。语速不要太快，问题最好是开放式的；如果仅仅想知道对方的态度，可用闭合式问题。

2. 辅以必要的肢体语言或语气

体贴的微笑可以传递和善、友好的信息；含笑的眼神可以表达你的真诚和友爱；热情的语气能让客户成为你的朋友，让你和客户产生一种共鸣。

3. 准确核实

客户在谈话过程中会透露出一定的信息，这些信息有些是无关紧要的，而有些则对整个沟通过程起着至关重要的作用。对于这些重要信息，你应该在倾听的过程中进行准确的核实。这样既可以避免遗漏或误解客户的意思，及时有效地找到解决问题的最佳办法；另一方面，客户也会因为找到了热心的听众而增加谈话的兴趣。

值得销售员注意的是，准确核实并不是简单重复，它需要讲究一定的技巧，否则就难以达到鼓励客户谈话的目的。

4. 学会聆听客户的言外之意

在倾听的过程中，还有一点很重要，就是销售员应从客户的语气、语调、语速等多方面捕捉到信息，听出客户的言外之意。在实际沟通中，客户很少直接把自己的需求表露出来，因为很多需求是隐性的，连他自己也不清楚。还有的客户不敢直接说出自己真正的感觉和想法，他们往往会运用一些叙述或疑问，百般暗示，以此来表达自己内心的感受和看法。

“我叫李小刚，是L体育用品公司的销售员。我们公司刚推出一种手套，你可能有兴趣看看。与市面上的手套相比，我们的这种手套有不少优点：重量小，因此容易装运；包装也更吸引人。我们提供新的上市优惠价，能给你省一大笔钱，另外还有一些优惠条件。听说你们的手套销量很大，是吗？”

张经理说：“是的，在我们经营的运动用品中，手套是主要类型。但我们已经有供应商了。他们送货上门，可以90天后付款，货出现问题也都能处理。你的手套，就说六号吧，一般多少钱？”

做销售时，不仅要听清对方说了什么，还要听出对方说的话中有没有隐含其他的意思。上述案例中，张经理已经有理想的供应商了，人家免费送货上门各种条件都很好，还不用担心质量问题。那么，为什么他还要问价格呢？这个买主显然对现在的供应商的要价不满。因此，价格最能吸引他的注意力，如果销售员能在这方面做文章，就很有可能得分。

第二章 巧妙提问
——有效获取客户信息

实例 14 说得多不如问得巧

点·睛·提·示

提问是销售员应掌握的基本功。不会提问就等于不会做销售。提问的目的不仅仅是为了了解客户的需求，它还能为销售员主动引导客户、改善沟通、控制拜访进程以及树立专业形象等活动提供依据。

《销售巨人》一书的作者尼尔·雷克汉姆曾经对提问与销售的关系进行过非常深入的研究，他认为：在与客户进行沟通的过程中，销售员问的问题越多，获得的有效信息就会越充分，最终销售成功的可能性就越大。

一名机械设备厂的销售员经常打破公司的销售纪录，在公司的经验总结大会上，他说出了他的销售秘诀：经常对客户进行有针对性的提问，然后让客户在回答问题的过程中对产品产生认同。这名销售员经常在与客户谈话之初就进行提问，直到销售成功。以下是他的几种典型提问方式：

“您好！听说贵公司打算购进一批机械设备，能否请您说明一下您心目中理想的产品应该具备哪些特征？”

“我很想知道贵公司在选择合作厂商时主要考虑哪些因素？”（这两个问题的目的是弄清客户需求。）

“我们公司非常希望与您这样的客户保持长期合作，不知道您对我们公司以及公司的产品印象如何？”（这一问题的目的是为自己介绍公司及产品做好铺垫，同时也可以引起客户对本公司的兴趣。）

“您是否可以谈一谈贵公司以前购买的机械设备有哪些不足之处？”

“您认为造成这些问题的原因是什么呢？”

“如果我们产品能够达到您要求的所有标准，并且有助于贵公司的生产效率大大提高，您是否有兴趣了解这些产品的具体情况呢？”（站在客户需求的立场上提出问题，有助于对整个谈判局面的控制。）

“您可能对产品的运输存有疑虑，这个问题您完全不用担心，只要签好订单，一个星期之内我们一定会送货上门。现在我想知道，您打算什么时候签署订单？”（有目的地促进交易完成。）

“如果您对这次合作满意的话，一定会在下次有需要时首先考虑我们，对吗？”（为以后的长期合作奠定基础。）

……

从上面的例子可以看出，这名销售员的提问是有系统性和针对性的：他先是弄清客户的需求，为自己介绍公司及产品做好铺垫，并且引起客户对公司的兴趣，然后站在客户的立场上再提出问题，对整个洽谈局面进行有效的控制，最终促成交易，并为以后的长期合作奠定基础。可以看出，善于提问是促成销售的重要因素。

销售实训

在销售谈判中，销售员要想努力做到随时探询客户需求，随时用提问的形式来引导客户，就要学会提问。

一般地说，提问有以下 5 种方式：

1. 探索式提问

采用探索式提问以便发现客户的购买意图以及怎样让客户从购买的产品中得到他们需要的利益，从而能针对客户的需要为他们提供恰当的服务，促成交易。这类问题一般是组合而成的，可以是现状询问、影响询问和痛苦询问等。

（1）现状询问，是通过询问客户现状来确认是否存在销售机会。如："您现在正在使用类似的产品吗？"

（2）影响询问，是在现状询问的基础上继续发掘客户的需求，如："您在使用产品的过程中有什么不满意的地方呢？"

（3）痛苦询问，是根据影响询问中客户的回答来进一步了解客户的不满，如："机器经常出现怠工现象，导致了时间成本与人力成本的增加，是吗？"

2. 求教式提问

这种提问是用婉转的语气，以请教问题的形式提问。这种提问的方式是在不了解对方意图的情况下，先虚设一问，投石问路，以避免遭到对方拒绝而出现难堪的局面，同时探出对方的虚实。如一销售员想试探对方是否有购买的打算，但又不好直接问对方要不要，于是试探地问："这种商品的质量不错吧？请您评价一下好吗？"如果对方有意购买，自然会评价；如果不满意，也不会断然拒绝，使双方难堪。

3. 启发式提问

启发式提问是以先虚后实的形式提问，让对方做出提问者想要得到的回答，这种提问方式循循善诱，有利于促使客户向提问者希望的方向去思考。如一个客户要买帽子，销售员问："请问买质量好一点的还是差一点的呢？""当然是买质量好的！""好货不便宜，便宜无好货。这也是……"

4. 引导式提问

引导式提问也是解决式的询问。客户都不喜欢被动接受销售员销售的产品，他感觉需要，自然就会购买。所以你要让客户对你打算为他们提供的产品和服务产生信任。客户的心理是：由销售员告诉他们，他们会怀疑；让他们自己说出来，就是真理。如用解决性询问来推出产品："针对您目前所遇到的问题，我是这样认为的……（此时拿出产品）您看这样是不是解决了您的顾虑呢？"

5. 限定式提问

具体方法是在一个问题中提示两个可供选择的答案，两个答案都是肯定的。

人们有一种共同的心理——认为说"不"比说"是"更容易和更安全。所以，内行的销售员向客户提问时尽量设法不让客户说出“不”字来。如与客户订约会，有经验的销售员从来不会问客户：“我可以在今天下午来见您吗？”因为对于这种只能在“是”和“不”中选择答案的问题，客户多半只会说：“不行，我今天下午的日程实在太紧了，等我有空的时候再打电话约定时间吧。”有经验的销售员会对客户说：“您看我是今天下午 2 点钟来见您还是 3 点钟来？”“3 点钟来比较好。”当客户说这句话时，你们的约定已经达成了。

实例 15　营造轻松提问的氛围

点·睛·提·示

聪明的销售员在同客户打交道时，往往会通过轻松的提问与客户形成互动，让自己与客户看起来像朋友、像战友、像兄弟、像亲人，然后在这种和谐的气氛中根据自己的职责、特长和能力来促成销售工作的圆满完成，从而名利双收。

不管什么交易，销售员都希望在彼此没有任何压力的情况下轻松完成。但事实往往不尽如人意。轻松气氛的营造，是建立在销售员良好的心理素质和熟练的提问技巧上的。这里不妨做一个身份模拟来让你感受一下如何进行轻松话题的营造：

你跟法兰克（一家大型制造商的经理）一起在工厂里参观。法兰克正在考虑要不要跟你买 JLG 电梯，你觉得此刻时机成熟，可以说：“就我所知，法兰克先生，我们今天必须做出的决定使你不久后便可以享受到 JLG 电梯所提供给你的好处，你要把它装在你的主要厂房里还是仓库里呢？”

当然，你并不是真正在乎法兰克把你的 JLG 电梯装在工厂还是仓库里，但是当他想到他要把它装在哪里时，会想到当他买下你的产品后，他会有一些选择。

所以这个问题兼具了选择性与相关性，可以让你的销售能力加倍。

最后，以轻松谨慎的态度来收尾。好好训练你的语气和表情，那样你就可以清楚明白地将它表达出来。不然你的目的会太明显。而且是不可能成功的。这么做的目的是要法兰克说出像“喔，我想最好把它装在新仓库里，因为那里会经常使用它”之类的答案。当法兰克那么说时，成交便已在望。

下面来看一个销售实战场景：

M 牌冰箱销售员小舒在 S 县开发销售网点，相中了南城家电商场，可是该老板邱总是个心高气傲的客户，根本看不上该品牌。

数次拜访都遭到冷遇，小舒还是心有不甘。通过 W 品牌小家电销售员透露的信息得知，邱总喜欢汽车，对汽车模型的收藏情有独钟。于是，小舒决定换一种销售方式，以“老朋友”的身份和邱总轻松面对。

这天，小舒带着上海朋友快递过来的三款最新款式的赛车模型走进邱总办公室，以一种轻松的口吻对邱总说：“早上好，邱总！听说您是爱车一族，我托朋友带来三款最新的赛车模型，相信您一定会喜欢的。”

邱总接过模型，十分高兴，如获稀世珍宝，连声说好，一改往日那种“不食人间烟火”的模样，办公室的气氛也一下子融洽起来了。

结果，两人仿佛相见恨晚一般，小舒不断地向邱总轻松发问，请邱总讲述关于各类轿车优劣和各种赛车的故事。

没出十天，邱总就在商场里腾出一块位置给小舒，而且把 M 牌冰箱作为主推品牌。

可见，在轻松的谈话中引入交易是销售成功的基础。注意，是轻松，不是随便，你得保持谨慎而不是冷漠的态度，让客户觉得跟你在一起很舒服。不必以鲁莽或无效的方法来假装轻松，不要以烦人或打官腔的方式来保持谨慎。

销售实训

在每一次拜访新老客户的时候，你都有可能置身于以下氛围中的一种：积极的购买氛围，即客户积极地倾向于购买，这时你不必要做任何促销游说，可以直接成交；中性的购买氛围，即客户既不积极地倾向于购买，也不消极地对待购买，这时你必须去发现他的需求，如果你的销售技巧运用得当，又有着足够的产品知识，那么客户就有可能会购买；消极的购买氛围，即客户采取封闭的心态，他对你销售的产品根本就不感兴趣，有时还可能说出极其消极的话，在这种情况下，他不可能做出任何购买的决定。

如何才能有意识地避免置身于中性的购买气氛甚至消极的购买气氛？换句话说，销售员如何才能有意识地在和客户“问”与“答”的互动中营造一个轻松、愉快的氛围？以下一些技巧销售员不可不掌握：

1. 先交心，再交易

销售员与客户的沟通不仅仅局限于死板的例行公事上，而应尽量人情味浓一些，先做朋友，后谈业务。在销售员与客户根本不相识的情况下，采用一种专业的、例行公事的语气和客户沟通，结果往往会遭遇“闭门羹”，更不要说在轻松的气氛中由陌生人变成朋友，再由朋友变成友好的“合作伙伴”的关系了。这就是为什么在现实销售生活中，那些吊儿郎当、见谁都称兄道弟、见谁都感到特别亲的销售员，反而能和客户打成一片，业务做的也不差的原因。

所以，销售员在和客户初次见面时一定要和客户交心，产生共鸣，才有利益关系的发展。

2. 话不可说得过头

说话应留有余地，任何时候都不要把话说“死”。凡事把话说绝了，就没有了回旋余地。一旦陷入语言的“绝境”，其被动、尴尬之情可想而知。而许多销售员在说服客户的过程中，为了尽快地达成交易的目的，常常容易把话说得过头或出格。

说过头话，往往容易犯两种错误：一是容易得罪客户，二是容易陷入客户的圈套。如这样说：“周总，这怎么行呢？您得抽个时间，我刚来这里也有很多的事情要做，这已经是月中了，您的货款如果再不办出来，这个月的促销政策可能真没什么指望啦，我也要考虑一下您的忠诚度了！”如果销售员与客户不是特别相熟而且销售员语气配合得不当的话，往往会引起误会。又如，许多客户最喜欢用竞争对手销售情况和销售政策来刺激销售员，使销售员做出承诺，进入圈套。结果呢，本来不需要花费那么大销售资源就可获取的销售回款，可由于自己话说得过头，白白浪费了资源。

3. 要找客户感兴趣的话题

人最高兴的时候莫过于谈论起自己感兴趣的事情和引以为豪的事情，因此，销售员要想营造一个轻松愉快的气氛一定要找到客户感兴趣的话题。兴趣是促成沟通延续的原动力，而激发客户兴趣的重要途径在于发掘客户的需求。当客户和你因为谈论起某个话题而愉快地同声大笑的时候，你们彼此之间的心理距离就大大缩小了。

4. 避免主导意识作祟

所谓主导意识，就是用自己的经验提供忠告，左右别人做事；或者根据自己的行为与动机衡量别人的行为与动机，企图让他人按照自己的意识做事。现实生活中，人人都喜欢主导别人，而人人又都不喜欢被别人主导。人人心中都有一个自我意识，即使再软弱的人，他的内心深处也有一个真正的自我，很难心甘情愿地被别人主导或牺牲自己，所以在销售沟通中，若任何一方渴望主导、控制对方，都极有可能造成合作的不愉快或者夭折。

总之，优秀的销售员在同客户打交道时，往往会通过轻松的提问与客户形成良性互动，让自己看起来像是客户的亲朋好友，在这种和谐的气氛中促成交易，从而达到名利双收的目的。

实例 16　以诱导式提问确定客户需求

点·睛·提·示

销售员若想在对话中引出对自己有利的发言，就要巧妙地引导客户，将客户的需求一步步挖掘出来。

销售的成功，离不开客户的支持。在日常的销售工作中，要满足不同客户的不同需求。可是客户经常会说“我现在不需要”、“我现在没有钱”、“过一段时间再说”等类似的话，根本的原因是销售员不了解客户的真实需求。这时候如果销售员盲目地向客户介绍或者演示产品，其结果就是徒费口舌。

分析销售的实质，不难看出：销售不是销售员在说服客户，而是客户对产品有需求，按照需求又选择了产品。一般情况下，产品销售成功的概率取决于消费者的需求和产品的结合程度，所以销售的关键是把握或激发客户的需求，然后按照客户的需求将产品的款式、颜色、功能进行组合设计，提供给客户一件最适合的产品。

客户的需求可以由销售员一步步挖掘出来。一般是先确定客户的需求，然后再满足客户的需求。

怎样确定客户的需求呢？确定客户的需求是指通过买卖双方的沟通，对客户购买产品的欲望、用途，对功能、款式的要求进行逐渐发掘，将客户的意愿最终描述并展示出来的过程。

客户的需求往往是多方面的，需要销售员去分析和引导，当一位客户站在你的面前时，他很有可能对你的产品有了极大的兴趣但仍然不知道自己将要买回去的是什么样的。在这种情况下，需要销售员增强与客户的沟通，确定客户的真正需求。

来看下面的一个例子：

一条街上有三家水果店。一天，有位老太太来到第一家店里，问："有李子卖吗？"店主见有生意，马上迎上前说："老太太，买李子啊？您看我这李子又大又甜，还刚进回来，新鲜得很呢！"没想到老太太一听，竟扭头走了。店主纳闷着：奇怪啊，我哪里不对得罪老太太了？

老太太接着来到第二家水果店，同样问："有李子卖吗？"第二位店主马上迎上前说："我这里李子有酸的也有甜的，那您是想买酸的还是甜的？""我想买一斤酸李子。"老太太说。于是，老太太买了一斤酸李子就回去了。

第二天，老太太来到第三家水果店，问："有李子卖吗？"第三位店主马上迎上前说："我这里李子有酸的也有甜的，那您是想买酸的还是想买甜的？""我想买一斤酸李子。"老太太说，与前一天在第二家店里发生的一幕一样。但第三位店主在给老太太称酸李子时又搭讪道："在我这买李子的人一般都喜欢甜的，可您为什么要买酸的呢？"

"哦，最近我儿媳妇怀上孩子啦，特别喜欢吃酸李子。""哎呀！那要特别恭喜您老人家快要抱孙子了！有您这样会照顾的婆婆可真是您儿媳妇天大的福气啊！""哪里哪里，怀孕期间当然最要紧的是吃好、胃口好、营养好啊！""是啊，怀孕期间的营养是非常关键的，不仅要多补充些高蛋白的食物，听说多吃些维生素丰富的水果，生下的宝宝会更聪明些！""是啊！那吃哪种水果含的维生素更丰富些呢？"

"很多书上说猕猴桃含维生素最丰富！""那你这有猕猴桃卖吗？""当然有，您看我这进口的猕猴桃个大汁多，含维生素多，您要不先买一斤回去给您儿媳妇尝尝？"这样，老太太不仅买了一斤李子，还买了一斤进口的猕猴桃。

上例中的第三家水果店的店主显然是一位销售高手，他巧妙地通过提问题挖掘到老太太的需求，然后抓住这一需求，成功地进行了诱导购买。

那么，如何确定客户的需求呢？比如，一名客户去礼品店买礼品，说要去见一个人不知道该买什么礼品，销售员一定要知道这位客户哪几方面的需求呢？首先要知道他大概要花多少钱，花多少钱买多少钱的礼物，不能人家说买礼物你就把一千元到一万元的礼物都推荐给他。其次要问他对产品有什么特殊的要求，是送给男人还是送给女人，是送给老人还是送给孩子，要小巧精致的还是外形大些的。再次要问他是现在就买还是打算以后什么时候买，有时他需要过两天再买，现在来问一问好做到心中有数。最后问他还要什么，如果他心目中已经有一些商家在选择了，那商家在他心目中的位置是什么样的，他要了解的是你的性价比和质量是怎样的，看有没有压价的空间。这样把客户所有的需求、所有掌握的情况都挖出来，他对产品品质有什么需要，要买什么价位的产品，是不是有商家在选择。都了解之后，后面你就可以有针对性地去做了，可以很安全、很轻松地完成销售。

当然，确定客户的需求应从不同的角度来分析，要注意以下几点：

1. 要全面

要全面了解客户的需求，全面掌握客户在生活中对于产品的需求强度和满足状况。之所以要全面了解，是要让客户生活中的需要完整地展现在你的面前，而且根据客户的全面需要分析其生活习惯、消费偏好、购买能力等相关因素，更为重要的是这种“全面”的了解往往会给客户留下销售员关心客户、为客户着想的好印象。

2. 要突出优势

时刻不要忘记销售员的第一要务是销售产品，帮助客户满足需求。所以，在销售过程中要突出产品和客户需求的结合点，满足客户最起码的需求。假如你是一个竹躺椅的销售员，就要尽可能地让消费者形成对躺椅的独特认识，可以把它提高到一个别人都没有意识到的“提高生活舒适度”的需求上来，类似做法皆可。

3. 要深入

沟通不能肤浅，否则只能是空谈。不能认为客户的需求是简单的购买欲望，或者是单纯的购买过程，只有深入地了解客户的真实情况，你才会发现他的真正需求。也就是说，要了解客户的需求，深入交流是必不可少的。

4. 要广泛

这里所说的广泛不是对某一个特定客户的需求下结论，而是要求销售员与客户沟通时了解所有接触的客户对产品的需求及评价，以便更好地调整销售策略。比如客户普遍表示水费上涨了，买洗衣机都希望买节水型的，销售员在以后的销售工作中就可以说：“现在水费上涨了，这款洗衣机是节水型的，使用它既节约

能源又能为您节约开支。”

5. 适当提建议

客户不是你的下属，所以命令他们是不会接受的，当然你也不可能命令他们。客户的观念跟你或多或少会存在一些差异，所以可以用建议的方式问：“您看用……可不可以？”

销售实训

在上述确定客户需求的过程中，要做好以下几项工作，以满足客户的需求：

1. 多方比较调查

如所在销售区域的整体销售情况、大多数客户的购买倾向和选择情况，主动了解客户的需求和市场供应情况。比如，客户普遍说某一商品好，你给他拿任何同类产品都会遭到他们的拒绝，那么下一位客户又来了，你就可以直接给他拿那种特定商品了。

2. 细致认真地分析

分析研究所得信息，去伪存真、去粗取精，并根据消费者的自身状况，包括工作性质、环境、同事关系、家庭环境、亲朋关系、事业发展状况等来科学地研究其需求的变化趋势。掌握趋势，在沟通时就能站在更高的角度和客户讨论。此时的销售员是客户眼中的专家，是能满足客户各种需要的顾问。还要注意分析客户需求的类型、规格、款式、色彩、数量等具体性的因素，投其所好，最终让他满意而去。

3. 有效地沟通

这是了解客户需求的关键，所以必须重视这个环节。要注意沟通内容、沟通方式和引导客户的具体问题、手段等，在和谐的气氛中从客户那里知道尽可能多的信息，并达成共识。例如，一位男士来买珠宝首饰，销售员就可以询问所购珠宝的使用对象、购买原因、使用地点、使用时间等方面的信息。可以问：“购买这款 ×× 首饰，有什么特殊意义吗？”假如这位男士说：“为妻子购买结婚周年礼物。”这时销售员不要问“她喜欢什么样的首饰”、“她有什么样的首饰”、“想花多少钱”之类的问题。销售员可以让客户想一下曾经拥有的喜悦，这样问：“你上一次送给妻子什么样的惊喜？”“一条手链。”“那么当时她的反应是什么呢？”他就会沉入当时的浪漫之中。然后销售员帮他选一款首饰，让往日的浪漫重现。

4. 试探

试探是在对客户的需求初步认识的基础上进行确认，试探你的猜测与客户的需求是否一致。例如，你是一名电脑销售员，基于你对客户需求的认识，可以试探性地总结客户需要的是什么：“您的意思是要开一间网吧，如果所有的电脑都从这里选购，让我给每台电脑开一个最低的价格，是吧？”

5. 重复

无论客户对于试探性的询问认同与否，你都要重复客户本人的回答。这是表明对客户的尊重，更是为自己强化客户需求的印象，并根据最新的印象继续沟通，同时修正自己的理解。每重复一次，买卖双方就加深一次印象，就拉近一步距离，就明确一层需求，就取舍一份信息。对于上面的试探，如果对方否定，你应该重复：“您是说具体数量还没有定下来，对吧？”如果对方肯定，你也应该重复：“您是说您的预算不超过 8 万元，是吧？”

6. 确定

销售员不能永远跟着客户的思想走。所以，当你有充分的认识，已经基本克服了前述环节的障碍时，可以大胆、无疑地明确告诉客户：“你现在需要的就是……”此时的犹豫和停滞只能表明你对产品知识掌握得还不够充分，会让你白白丧失销售的大好时机。

7. 展示

确定了客户需求的大致范围，这时向客户展示样品就成了顺理成章的步骤了。注意，如果客户满意，你就说“这是我们特意为有这种要求的客户定制的”；如果客户不满意，你就说“这是每个客户都喜欢的，如果你不满意，我再给您介绍别的”。

8. 等待

有耐心是销售员要具备的一项素质。客户的决策是需要时间的，你可以刺激、鼓励他们，但是也要耐心地等待他们来承认自己的需要确实如此。客户的承认就是交易条件磋商的开始，就是讨论交款、运输等具体问题的时候了。

以上无论是确定客户的需求，还是针对客户的需求开展工作、销售产品，目的都是为了满足客户的需求。所以，销售员在销售中要切实抓住客户的需求，让

客户主动购买商品，这就是皆大欢喜的完美销售方法。

实例17 开门见山，直接提问

点·睛·提·示

对于初次交往的客户，开门见山地利用提问来谈论彼此关心的问题，可以直接切入正题，增进和客户的友好关系。

开门见山式提问可以使客户在一开始就进入与销售员的双向交流过程，这样不仅有助于销售员了解预期客户的兴趣、喜好、工作风格等，而且容易找到与客户的共同语言，消除客户的陌生感、戒备感，让客户迅速接受自己。

有位饮水机销售员经常以询问的方式来接近客户：“比起其他牌子的饮水机，我销售的这种机器能节省三分之一的电，而且我们可以免费为你清洗，你知道吗？”然后接着问：“你可以计算一下，这样下来这种牌子的饮水机可以为你省下多少钱。”

这样开门见山的提问让大部分的客户都会顺着你的意思往下走，从而使销售可以比较顺利地向下进行。再如：

有一位卖化妆品的销售员，平时碰到客户总是微笑着提出两个问题：“你想花最少的钱，让自己变得更漂亮吗？”“如果我们这个牌子的化妆品能满足你的愿望，你会乐意买下吗？”这位销售员的开场白简单明了，也使一般的客户找不出说“不”的理由，从而使他达到接近客户的目的。

当然，有时候当我们可能无法事先了解客户的情况时，能否顺利过关，就要考验我们观察环境和察言观色的能力，能否迅速找到共同语言是关键。

销售实训

开门见山式提问要求做到以下几点：激发起客户回答和思考的兴趣，避免客户应付问题；提问简单明晰，做到有的放矢，一语破的，不可泛泛而谈；应在最短的时间内将问题尽快地表述明确，避免使用含糊不清或模棱两可的问句，以免客户费解或产生误解；询问或是谈话应突出重点，扣人心弦，不能不痛不痒，让客户没有感觉；应顾全大局，迂回出击，不能讲不到重点，也不可过于直白，要做到恰到好处。

如果做不到这几点，销售员引出的将不是客户积极的回答而是消极的反应。有些问题的提出使你能通过客户的回答，看出客户对产品感兴趣的程度。如果客户回答“不”的话，也就意味着这场交谈需要结束了。因此，销售员开门见山的提问应该避免让客户使用简单的“是”或“不”来回答问题。

实例18 开放式提问，让客户畅所欲言

点·睛·提·示

在使用开放式问句时，一定要注意在不断的问题中掌握客户的需求点。这样既可以令客户感到自然而畅所欲言，又有助于销售员根据客户的谈话内容了解更有效的客户信息。而且，在客户感到不受约束时，他们通常会感到放松和愉快，这显然有助于双方的进一步沟通与合作。

"您对保险的看法如何？""您在买房子时会考虑哪些因素？""您有没有注意到，现在的环境质量在不断恶化，而且有越来越多的有害物质危害到我们的健康，对于这一点，您有什么看法？"客户们都希望有机会向你的公司详细地描述他们的希望和需求。这样以一种积极的语调提问的开放式提问技巧，可以引起客户谈话的兴趣。

约翰·柯威尔刚刚担任惠普公司销售员的时候，惠普在信息领域行业还只是一个"初生儿"。

有一次，约翰·柯威尔准备到一家公司销售惠普电子设备。可是在他刚刚表明身份时，那家公司的经理就告诉约翰·柯威尔："你不需要在这里浪费时间，我们一直以来都与 IBM 保持着良好的合作往来，而且我们还将继续合作下去。因为除了 IBM，我们不相信任何公司的产品。"

约翰·柯威尔仍然微笑着注视着那位经理，他的声音中没有半点沮丧："史密斯先生，我想知道，您觉得 IBM 公司的产品确实值得信赖，是吗？"

公司经理回答："那当然了，这还用说吗？"

约翰·柯威尔继续问道："那么，使用 IBM 公司的产品这么多年了，您觉得它最令您满意的地方是什么？"

公司经理饶有兴趣地答道："那要说起来可就太多了，不过总的说来，IBM 的产品具有一流的产品质量、最新的研发技术和多年的良好信誉。它几乎就是信息产业的权威代表。我想仅仅是这些特点，就很值得我继续与其保持合作了。"

约翰·柯威尔又问："我想，您理想中的产品不应该仅仅包含这些特征吧？如果 IBM 能够做得更好，您希望他们有哪些改进？"

公司经理想了想回答说："我希望某些技术上的细节更加完善，因为我们公司的员工有时会埋怨某些操作不够简便，可是我不知道现在有没有办法解决这些问题。当然了，如果 IBM 愿意的话，我还希望产品的价格能够再降低一些，因为我们公司的需求量很大，每年花在这上面的费用一直居高不下。"

约翰·柯威尔此时胸有成竹地告诉公司经理："史密斯先生，我可以认真而自豪地告诉您，我们公司产品的技术水平和质量水平同样是世界一流的。而且，最重要的是，我们公司可以根据您的要求为您量身打造您想要的产品！因为，我们公司的这项业务刚刚起步，所以看重的不是利润而是客户的最大满意度。我们只有以低价策略和高质量的服务才能打开市场，才能赢得像您这样的大客户！”

看到自己提出的几项条件惠普基本都能满足，公司经理当即表示先购进一小批产品试用。

销售行为的成功性，很大程度上依赖于销售员对客户的了解程度。因此，向客户进行开放式提问是销售员获取价值信息的先决条件。通过这种开放式提问，达到探寻客户需求的真正目的，找到销售的突破点，这是销售员最基本的销售技巧，在提问客户时，问题面要采用由宽到窄的方式逐渐进行探寻。

绝大多数的人喜欢别人倾听自己的谈话，而不是一味地听别人说话，所以销售员要利用简单有效的提问，使客户不断地说话，做到仔细倾听，并在此基础上提出更深入的问题。我们都知道，许多时候，客户是将销售员当做专家来看待的，销售员要善于利用这一点，即使客户是保守类型的，也要通过有效的问答，使客户将心中的想法表达出来，从而使自己从被动的地位转换为主动地位，增加成功销售的可能性。

销售实训

开放式提问的特点是：一般情况下，客户是不能用“是”或“不是”来回答的，而是需要根据提出的问题做多方面的回答，答案没有唯一性。销售员在进行开放式提问时应注意以下特殊疑问词和典型问法：

1. “……怎样”或者“如何……”

其典型问法如下：

“您通常是怎样应付这些问题的？”

“我们怎样做，才能满足您的要求？”

“您希望这件事最终得到怎样的解决才算合理？”

“您觉得形势会朝着怎样的趋势发展下去？”

2. “为什么……”

其典型问法如下：

“为什么您会面临如此严重的问题？”

“您今天为什么如此神采奕奕？”

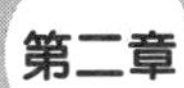

“为什么您会对××产品情有独钟？”

3. “什么……”

其典型问法如下：

“您遇上了什么麻烦？”

“您对我们有什么建议？”

“您的合伙人还有什么不同想法？”

4. “哪些……”

“您对这种产品有哪些看法？”

“哪些问题令您经常感到头疼？”

“您觉得这种产品的哪些优势最吸引您？”

“如果采用了这种产品，您的工作会发生哪些变化？”

实例 19 以选择式提问吸引客户的注意力

点·睛·提·示

选择式提问可以吸引客户的注意力，注意力等于事实。一个人绝对不可能在回答一个叙述得很明确的问题时，心里同时还在想其他的事。

相对于开放式提问而言的提问方式就是选择式提问。选择式提问的特点是：针对特定的范围对目标客户进行询问。这种提问主要的目的在于引导客户注意到你想要强调的重点或是引导其思考的重点朝你希望的方向发展。选择式提问的问题可以吸引客户的注意力。下面来看一个实例：

有一位高明的汽车销售员在向客户销售汽车时经常使用问问题的方法。凭多年的销售经验他知道，客户要做出购买决策并不容易，特别是年老的客户。他常常会这样说："先生，只需付 157500 元，这辆车就归您了。您看怎么样？"

客户并不能轻松地做出决策，他也许需要时间考虑考虑，但是这位销售员通过和客户进行下面的一段对话，卖出汽车就变得顺理成章了：

"您喜欢两个门的还是四个门的？跑车流行两个门的，其他车型还是四个门的舒服……"

"哦，我喜欢四个门的。"

"您喜欢这几种颜色中的哪一种呢？红色代表炽热、爱恋和关怀；蓝色代表含蓄、飘逸和诱惑；而黑色则代表深沉、稳重和神秘……"

"我喜欢红色的。"

"您要带调幅式还是调频式的收音机？"

"还是调幅的好。"

"您要车底部涂防锈层吗？"

"当然。"

"要染色的玻璃吗？"

"那倒不一定。"

"汽车胎要白圈的吗？"

"不，谢谢。"

"我们可以在 10 月 1 日，最迟晚上 8 点交货。"

"10 月 1 日最好。"

在提出了这些客户并不难回答的问题后，这位销售员递上订单，轻轻地说："好吧，先生，请在这儿签字，现在您的车可以投入生产了。"

在这段简短的对话中，我们可以看出，一个销售高手总是通过一些小的问题来引导刺激客户的购买欲望，这样就避免了自己一味向客户介绍产品，而客户却没有听懂或者听进去，使销售失败。

销售实训

使用选择式提问的技巧，就是直接向客户提出若干的方案，并希望客户选择其中一种。就像"您是加两个蛋呢，还是加一个蛋"，还有"我们周二见还是周三见”，这都是在向客户选择式提问。

销售员向客户提出选择性的问题，实际是要求客户立即购买产品。销售员应该看准客户的购买信号，先假定成交，后选择成交，并把选择的范围局限在成交的范围。选择式提问的要点就是使客户回避“要”还是“不要”的问题。这种方法可以避重就轻，以减轻客户的成交心理压力、创造良好的成交气氛、有效促成交易、掌握成交主动权、留有一定成交余地为宗旨。

这里要提醒读者的是，选择式提问技巧的使用也是有选择性的。例如，你所拜访的客户是一个非常健谈的人，如果问：“你今天过得怎么样？”客户可能会从早餐开始一直谈到今天的天气、交通状况等，漫无边际。因此，销售员要防止没能“引导”住客户反而被客户“所牵引”的现象发生，否则可能造成的结果就是销售员和客户谈得很投机，却最终不能获取到任何有价值的信息，白白浪费了很多时间和精力。事实上，你没有必要了解许多对你根本没有用的信息，而只需要客户用比较确定的语言来回答你的问题。

销售员所提出的选择式问题应让客户从中做出一种肯定的回答，而不要给客户有拒绝的机会。例如，在询问客户的购买意向时，销售员应直接向客户提出若干购买决策，使客户选择其一。如“您是喜欢 A 还是喜欢 B？”或“您是要白色还是红色的？”“我再确认一次，就您的谈话，‘安全性’和‘性能’是您选择车时最重要的两个考虑，是不是？”“基本上，您也同意这个产品的‘价值’是吗？”“也就是说，如果能得到一个自己觉得更合理的价格，您会立即决定购买，是吗？”向客户提供解决方案时，尽量避免向客户提出太多的方案，最好的方案就是只有两个选项，最多不要超过三项，否则你不能够达到尽快成交的目的。这种方法免去了让客户考虑买还是不买的问题，而让客户考虑较容易的事情。

在使用选择式提问技巧时，还要注意：问句要简单易懂，不要造成客户的误解；不要问过于隐私的问题；不要问具有挑战性或是攻击性的问题；不要质疑客户的诚信度，尽管他的回答并不诚实或不是你想要的；避免自己滔滔不绝地讲，客户却沉默不语的现象发生，要让客户发表自己的观点和看法；不要把自己当成在问口供的法官；不要将客户逼得太紧，给他一点时间思考；不要给人咄咄逼人、非答不可的感觉；不要过于直接，从而让客户强烈感觉到“销售”

的意味。

实例 20　向客户请教心中的“疑问”

点·睛·提·示

证实提问法就是提出一些特殊问题，诱使客户思考，以此来提高他们的兴致，同时通过证实提问法还可以验证客户是否更加有兴趣继续谈下去。

证实提问法就是把自己心中的“疑问”向客户请教，通过客户的语气来证实你所想要的结论，引导客户一步一步走向成交的技巧。

有一位销售高级打字机的销售员是这样和客户展开沟通的：“对不起，听说你们使用 ×× 打字机已经好几年了，在使用的过程中一定有很多的感触吧？我心中正有一些疑问，可以向您求证一下吗？”

“说吧。”对方不置可否。

“您使用的这台高速打字机的正常使用寿命是 5 年，对吧？”

“是的。”

“很好，假设这台打字机的成本是 2000 元，2000 元除以 5 年，那么贵公司一年的投资是多少呢？”

“400 元吧。”

“如果您再把 400 除以 50 周，那么每周的费用应该是 8 元钱吧？”

“是的。”

“×× 先生，我知道贵公司的工作时间很长，你们经常加班，所以我假定这台打印机一星期要用 6 天应该是很合理的，对吧？麻烦您用 8 元除以 6，那么答案是？”

“是1.3元。”

销售员迅速在记事本上写下“每天1.3元”的字样，然后微笑着说：“现在市场上推出了一款超速打字机，可以帮您省下这每天的1.3元钱。先生，您觉得我们要让这每天节约的1.3元白白浪费掉吗？”

客户不再说话。

销售员接着问：“先生，我还要请您比较一个优势，这台超速打字机的功能齐全，而且还有省时的优点，我们已经谈过它的优点了，这部机器在一天之内为你们公司创造的利润，应该相当于一台2000元的打字机两天时间里创造的利润，对吧？”

客户回答：“对，我想是这样的。”

“那么，用了它，既能节省，又能创收，您还犹豫什么呢？”

销售实训

当你提出证实性问题时，其实是在寻找给你正面激励的答案。在运用证实提问技巧的时候，要把握以下几点注意事项：

1. 提出带有积极性的问题

所谓带有积极性的问题就是所提的问题一定要是客户通过简单思考能够马上回答出来的，比如：“使用这台机器5天的工作量相当于使用一般机器7天的工作量，那么，如果使用它的话，一个月下来它能为您多创造几天的工作量呢？”

2. 给客户选择的机会

这项策略是向客户提问，答案的两个选项都必须是对你的下一步沟通有利的。因为你的建议有可能被对方一口否决，提供选择有助于让客户思考什么对自己有好处以及自己实际上需要什么。例如：“陈主任，您看是周一给您送过来还是周二送过来比较方便？”如果客户不确定，他将产生异议或者竭力改变话题。

3. 直接向客户要求订单

很多销售员极度畏惧直接向客户开口要求订单，他们害怕客户会拒绝。事实上，在一步一步地证实提问佐证下，你已经有很大把握可以向客户直接要求订单了。例如：“王总，您是否在预约单上签下您的大名，好让我安排出货手续？”

给客户有一个简单回答或处理的机会就可以把订单签下来。

实例 21 分层追问，锁定客户需求

点·睛·提·示

有的时候，我们不要一味地从一个角度思考问题，如果客户对你的产品认识有误区，不要试图一下子就让他接受你的观点。你可以另辟蹊径，小处着手，通过一些较小的、次要的问题来慢慢引导客户，并最终得到客户的信任。

一天，在某外企做会计的李女士走进一家化妆品商场准备购买洗面奶。一进门是 ×× 品牌的专柜，她看都没看，因为她认为 ×× 品牌是大众品牌，不太适合自己。她问门口的销售员："请问 ×××× 专柜在哪里？"销售员告诉了她正确的方向。这一切都被 ×× 品牌专柜的销售员看在眼里。正当李女士准备离开时，这位销售员走到她身边，彬彬有礼地说："这位女士，冒昧打扰一下。一看您就是那种特别注意打扮的女性！只是我很好奇，我们的专柜一进商场您就能看到，能告诉我们您为什么不喜欢它们吗？"

李女士说自己不习惯用这个牌子。销售员微笑着说："原来是这样，那耽误您 1 分钟时间帮我们做一次调查好吗？我们将会很感谢您为此付出的这 1 分钟，而且还将送您一份精美的礼品。"李女士想，反正今天自己也不赶时间，何况就 1 分钟，便同意了。

销售员拿出了一张事先设计好的表格，临时作了修改，并向眼前的李女士展开调查："您认为 ×× 品牌和您要买的牌子之间的最大区别是什么？""如果可以，您希望 ×× 洗面奶在哪些方面能够进一步改进？""您喜欢的色彩是什么？"……之后，销售员根据李女士的回答逐一作了相应的解释，并帮助她分析

了她的皮肤特点。通过刚才的提问，销售员已掌握了李女士对化妆品的要求，然后作了相应的销售。

最终的结果是，李女士不但在 ×× 品牌专柜购买了洗面奶，还购买了其他化妆品。

这位销售员通过向客户引导式提问，最终锁定了客户的需求。专家指出，如果提问设计得好的话，连续问五个“为什么”后，客户的真实想法一般都会浮出水面。掌握了问题背后的问题，就能有的放矢地去做工作，从而成功地说服客户，把生意做成。

分层追问这种提问方式通常要求销售员把大问题分解，向客户提出较小的、次要的问题，避免直接向客户提出比较敏感的、实质性的问题，由小到大、由小攻大，先小点成交、再大点成交，最后挖掘出客户的真实需求，促成交易。

在和客户交流时，要想占有主动，最好的办法就是你不断地提问，用精心设计的问题循循善诱地引领对方的思路。另外，一定要注意自己的眼神、语气、语言的运用，它们的作用有时会胜过千言万语。

销售实训

如何通过不断的提问，来探寻和锁定客户的真实需求以及内在的、不明显的需求（而这种需求也许正是你所需要的）？下面列出一些相关的提问技巧：

（1）询问客户对目前所使用产品的满意度。

（2）询问客户是否希望目前使用的产品能够在哪些方面得到改进，最好再进一步思考你的产品是否正好能够弥补这个不足。

（3）从产品的边缘属性入手，询问客户喜欢什么样的颜色、什么样的款式、什么样的使用方法。

（4）询问客户喜欢什么样的价位，是否希望享受到会员价等。

当然，你也可以临时发挥。记住：不要以为你的问题可以挖掘出客户的所有需求和全部动机，所以有时候适当沉默，给客户思考和主动说话的机会比你设计的任何问题都更有价值。

实例 22　适时提问，及时核对

点·睛·提·示

通过核对，你可以更深入地了解客户的需求，并将客户往达成交易的方向引导。在核对的过程中，客户可能会道出更多的想法。因为客户所想的远比你说的更重要。

失败是成功的老师，轻率大意就会造成不该有的失误。第一次失误可以让你受到教育，而同样的错误犯第二次只会断送你的销售前程。为了让自己不被同一块石头绊倒两次，在获取客户订货信息的同时就应该多留一个心眼，适时提问，及时核对。

松下公司的两个新产品附属插头和双灯用插头刚投放市场就备受欢迎。

为了迅速打开局面，松下公司与吉田公司签订总代理合约。吉田公司负责总经销，松下公司负责生产并从吉田公司那里取得 3000 日元的保证金。但是，松下公司在签订合约的时候，没有及时核对双方解除合约的条件。

合同签订后，松下公司立即将资金用于扩大再生产，月产量剧增。但就在这时，东京的电器制造商联合起来，不惜血本，大幅降价，致使松下公司的双灯插座几乎到了无人问津的地步。

吉田先生于是赶到松下先生的住处，交涉减价事宜。松下先生为难极了：要减价，先得从出厂价减起，可出厂价如何减得下来？在合约签订时自己一方也没有及时核对合约解除的制约条件。

不得已，松下公司同意了吉田公司的解约意见。因为当时没有多问几个为什么，对客户的意向没有进行及时的核对和确认，这给松下公司带来的后果是——

单枪匹马，走上大阪的街头销售。

作为一名销售员，在销售过程中，将会遇到行业内的很多不成文的规则，如果你没有适时询问，不去多核对，就会在这些不成文的规则面前碰得头破血流。也许彼此的遗漏是无意的，但也许某一点致命的遗漏就是客户的有意而为。

销售实训

轻率大意是许多人的毛病。一个销售员如果在销售过程中总是表现得大大咧咧、粗枝大叶，往往会影响到自己的业绩。作为一种不好的习惯，它的危害性是不言而喻的。如何养成及时核对的好习惯呢？

1. 加强对销售工作重要性的认识

从现在做起，加强对销售工作重要性的认识，努力提高责任心和警惕性，就不会再马虎随便了，要自觉地克服注意力不集中的毛病。

2. 保持适度紧张情绪

一个人过分紧张或者过分放松，都是造成失误的关键所在。只有保持适度紧张才能避免疏忽。

3. 戒除不良习惯

有的人由于经常轻率大意，久而久之，就形成了粗心的习惯。在这种情况下，戒除粗心大意的习惯乃是克服粗心毛病的治本之策。戒除粗心大意习惯，首先是要培养关注细节的能力。要在平时的生活中有意识地坚持高标准、严要求，做事要讲究条理，做完一件事要认真核对、验算、检查。长期坚持，自然就养成了好习惯，粗心的坏习惯也就自然而然改掉了。

4. 集中注意力

为了克服轻率大意的毛病，就要学会把自己的注意力始终集中在所要完成的工作上。

当然，仅仅是养成及时核对的习惯是不够的，在和客户的当面沟通过程中，销售员还要把握住什么阶段需要通过提问的方式核对什么内容。例如：当销售员回答完一个问题后，就可以简要地将内容概括一遍，问客户是否理解："我的解释清楚吗？""您觉得是不是这个道理呢？""这样回答您的问题可以吗？"在与客户交谈几分钟后，对所谈内容进行核对，以便谈话的继续。例如：“你看我们刚才提的几个方案，对您的问题有帮助吗？”

当介绍完一个建议后，进行核对来决定定位的准确与否：“这个对您有效吗？”“您觉得这个建议可行吗？”“这能满足您的需求吗？”

当客户在电话的那头沉默时，用开放式的问话进行核对，以便确认客户是否认真聆听，并且提起客户的注意力。例如：“您的看法怎样？”当客户表示出成交的信号时，对所提及的内容进行核对，以便准确结单。“那我们再把所有内容核对一遍，没问题的话，就可以安排签订合同了。”

实例23　引导客户主动配合的提问术

点·睛·提·示

引导式提问的技巧是帮助你将小订单变为大订单的一种非常有效的技巧。它实施的秘诀在于：在客户原有需求的基础上，通过启发、询问、对比等方法，将客户的需求扩大化。

虽然客户已经提出了一大堆拒绝购买的原因，可是这并不意味着你的产品达不到对方的理想要求。聪明的销售员会暂时不去考虑客户提出的一大堆拒绝理由，而是想办法让客户说出他们期望中的产品应该包含哪些特征。如果客户愿意开口说出自己期望的产品特征，那么就意味着你已经穿过了客户铸造的铜墙铁壁，找到了一条通往成功的道路。

一位小姐选定了一条价值50美元的黑色皮鞋，正当她掏出信用卡准备付款时，销售员问道：“您打算穿什么样的袜子来配这双皮鞋呢？”

“我想浅颜色的应该很合适吧。”客户回答说。

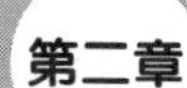

“小姐，我这有一种浅棕色的袜子很配您的皮鞋。”说着，他就抽出了一双标价 5 美元的袜子。

“嗯，我懂你的意思，它们的确很配。”客户边说，边将袜子收了起来。

“再看一看与这双皮鞋相配的鞋垫怎么样？”

“好的，我正好也想买一双鞋垫了。”

就这样，这位销售员最后将 50 美元的生意变成了 58 美元的交易。

“您是否”、“您是不是”、“您会不会”等用词，可以把话题导入单一的焦点或决策上，它们的答案只有“是”或“不是”，可以帮你缩小对话范围，把对话引导到自己想要的结论上来。在这里，销售员所问的一切问题都假定对方已经决定买了，只是尚未定下来买什么样的。我们来看一下常见的句子：

“这盆花您希望摆在室内，还是室外？”

“这张沙发您想放在窗边，还是门边？”

“这张床是您的儿子用，还是女儿用呢？”

你也可以用同样的方式回答客户的批评。例如，你可以提出产品的优点，以转移客户的批评：

“我知道您想要……不过……应该更重要吧？”

“我了解您喜欢……不过……不是更重要吗？”

“现在看来……似乎很重要。不过，长远来看……应该更重要。”

销售实训

销售员怎样去引导客户的需求呢？

1. 先了解客户的需求层次

要引导用户的需求，不是信口开河，或者搞经验主义，而是要多花点时间去了解客户的需求层次，看他们到底有哪些需要，看怎样才能解决客户的问题。如客户的需求层次仅处于低级阶段，即生理需要阶段，那么他对产品的关心多集中于经济耐用上。当你了解到这以后，就可重点从这方面提问，指出该产品如何满足客户需求。

2. 评估解决办法和销售目标的吻合度

对客户的需求进行了了解和分析之后，掌握了解决问题的办法，就可以评估这些办法和我们的主要目标的符合程度，如果需求对主要目标实现没有帮助，我们就可以尽力去说服客户先将精力集中在主要目标上，一个产品是不允许有太多分支的。

3. 有目标地推荐产品

如一位客户买了一件新衬衣，不要问他："您还需要什么东西？"而应说："最近新进了一批领带，您看这一种和您的衬衣相配吗？"这样，或许就能提醒客户对领带的需要了。

4. 给客户以思考和消化的时间

在提出问题后给客户一些时间思考，这需要暂停或等待。如果你一个问题接着一个问题，给别人的感觉就像在法庭上受盘诘的证人一样，这种感觉会让客户对销售员产生厌恶心理，不利于双方的双向交流。没有给潜在客户足够的时间，也就等于没有达到询问的主要目的。

5. 循序渐进

在使用这一方法时，应注意：在结束了第一次销售之后，再引导客户购买其他产品，当客户还在考虑第一次产品的购买问题时，一定不要贸然提问或建议其购买新产品。

实例 24　销售提问要循序渐进

与客户的交谈是一个循序渐进的过程，只有按顺序向客户提问，一步一步地深入到客户的内心，才能了解到客户的真正需求。这样一来，你就一步一步化被动为主动，成功的可能性就越来越大。

销售员向客户提问，其目的无外乎是为了更多地了解客户，探究客户最强烈的内心需求。只有找到客户最关心的话题，销售员才能有效地展开下一步的工作。而如何能够让客户说出最强烈的需求，就需要销售员掌握提问的顺序。销售员只有适时适度地向客户提问，与其一步步深入交流，才能最终了解到客户的真正需求。

凯文是一家机械设备公司的销售员，一天，他上门拜访一位客户，在之前，他已经通过其他途径对客户做了一定的了解。

凯文："您好，我是 ×× 机械公司的销售员。我们公司生产的机械设备机械性能好，价格公道，不知道您之前是否听说过我们公司的产品？"

客户："听说过，不过还不是太了解……"

凯文："其实不少知名企业都是我们的客户，这是产品的相关资料。您觉得我们的产品怎么样？"

客户："这个……我先看看吧。还可以。"

凯文："请问您对产品哪些方面存在问题呢？"

客户："没有……"

凯文："那么您打算什么时候签订单呢？"

客户："这个，我暂时还没有这个想法……"

凯文："那您还有什么不清楚的地方吗？"

客户："不，我还需要和公司领导再商量一下……"

在与客户交流时，常会有一些销售员像上面的凯文一样，只是一味地想要加快销售速度，没有按照客户接受程度提问，给客户一种咄咄逼人的感觉。销售员不注意提问顺序，自然很难让客户说出内心的真正需求，销售工作也就很难取得成功。针对以上情景，销售员可以采取这样的提问方式：

销售员："您好，我听说贵公司正准备购进一批机械设备，请问您是否能够说一说最符合贵公司要求的产品都应该具备哪些特征呢？"

客户："性能好，耐用，易于清理，价格公道，售后服务周到……"

销售员："我们公司非常希望与贵公司取得合作，不知道您对我们公司的产品印象如何？"

客户："你们的产品我倒是听说过，不过不知道具体怎么样，我们的那些标准是否都能符合？"

销售员："如果我们的产品能够达到您所要求的标准，并且让贵公司的生产效率大大提高，您是否有兴趣了解一下我们产品的具体情况呢？"

客户："是吗？那我倒是有兴趣听一听。"

销售员："我们的产品……这是产品的相关资料，请您过目。"

在经过一段时间的交谈后，客户已经对产品有了较为深入的了解，并有了较为浓厚的兴趣。

客户："哦，不过在运输的问题上你们真的能保证准时吗？"

销售员："对于产品的运输问题，其实您完全不用担心，只要订单签好，我们都会在一个星期之内将产品送上门。那么，您打算什么时间签订单呢？"

客户："哦，是这样啊。那么就下周一吧。"

销售员："好的，如果您对这次合作满意的话，一定会在下次有需要时首先考虑我们，对吗？"

成功的销售员在向客户提问时总是带有针对性和系统性的，先弄清客户的需求，再利用产品做好铺垫，引起客户的兴趣，再以满足客户需求的立场向客户提问，逐步有目的地向客户传达产品相关信息，并针对谈判局面进行合理控制，那么实现交易也就是很自然的事情了。

销售实训

想要掌握好提问顺序，销售员就要注意以下一些技巧：

1. 声东击西地问

在与客户初次见面时，销售员最好不要马上将话题引入销售的具体问题上来，而是以了解客户为前提，从客户熟悉并愿意回答的问题入手，比如向客户询问："您对产品有哪些具体要求？""您所满意的产品都具备哪些特征呢？"这样先向客户提一些较为容易接受的问题，边问边分析其反应，从客户的回答中找出谈话重点，再一步步引导客户进入正题。

使用这种声东击西的提问方式，就要求销售员对话题做到有效控制，既不可漫无目的地与客户谈论与产品毫无关系的话题，又不可过于直接地向客户询问与产品直接相关的问题，做到不给客户咄咄逼人之感，又能在之后顺利引入正题。总之，销售员要让客户提供信息资源。

2. 重复式地问

在与客户交流的过程中，销售员可以适当地使用重复性的提问方式。销售员重复向客户提问，不仅可以表现出对客户所谈论内容的理解和兴趣，也能总结、确认对方所提供的信息，及时找到客户感兴趣的话题。例如：

客户：“店里的柜台方案我已经确定下来了。”

销售员：“您已经确定了您店里的柜台方案？”

客户：“是的。”

销售员：“就是上次您提到的店里的柜台方案吗？”

3. 试探性地问

试探性地提问也是销售员在提问时需要掌握的一种方法，无论在与客户谈话的任何一个阶段，这种提问都是重要而不可缺少的。在具体交谈中，试探性提问可以分为以下两种：

（1）舒适区试探。这种试探一般用于销售沟通初期。在与客户初次见面时，为了建立沟通的开放性，销售员需要针对客户感觉比较舒服的内容进行提问，从而使客户愿意主动传递相关信息。例如在与客户初次交谈时，销售员可以向客户提问：不知您比较欣赏哪种款式的产品？这样比较开放式地向客户提问，让客户根据自己的意愿做回答，往往能使客户说出更多内心的想法。根据客户的回答，销售员就能逐步掌握客户的真实关注点，从而展开客户更为关心的话题。

（2）敏感区试探。所谓敏感区试探，就是指销售员针对客户存在的问题，或是客户比较在意的问题进行提问。这种提问一般用在销售沟通开放性被建立起来之后，也就是客户的戒备心已经消除，开始信任并愿意与销售员进行深一步的沟通时。

4. 演绎式地问

在客户完整地说出自己的信息之后，销售员就要对此进行深入理解，并将客户的内心需求和想法通过沟通的方式转化为客户能够理解并且对销售工作有益的内容。以销售手机为例，当客户表示对音乐手机非常喜欢时，销售员就可以向客户提问："那么您是否觉得我们这里的音乐手机也很符合您的标准呢？"通过演绎式的提问，销售员就可以将谈话引入与产品相关的话题上，从而更接近谈话的根本目的。

第三章　先声夺人
——介绍产品要找亮点、说卖点

实例 25　当好客户的“咨询专家”

点·睛·提·示

如何进行产品介绍是所有公司销售员入门的必修课，也是最基础的技能。一位成功的销售员，必须当好客户的“咨询专家”，能毫不“卡壳”地回答出客户提出的任何产品问题，并指出自己的产品所具备的独特优势。

有些销售员在销售失败时，总是责怪公司没有对自己进行专业的培训，或者埋怨现在的客户太刁钻，或者说因为自己销售的同类产品更新换代太快……其实，这些不过是借口，销售失败的真正原因是他们对产品知识了解不够，掌握不够，无法为客户答疑解惑。当客户面对一个产品知识不扎实的销售员时，三言两语就可将他打发掉。

一个负责工控产品的销售员去客户家里拜访，简短的招呼过后，他就做起了产品介绍：“这是一款新推出的产品，显示效果好，而且价格实惠，以前的跟这款没法比呀。”

客户问："是哪款的替代型号？"这位销售员一听懵了，吞吞吐吐地说不出个所以然来。那位客户原本对这款产品很感兴趣，最终还是客气地拒绝了这个销售员。

好在这个销售员很快意识到自己的问题，于是，他下定决心让自己先去了解产品。过了不久，他再次带着样机登门拜访上次那位客户，并且诚恳地说，自己上次没能回答客户的疑问，非常遗憾，回去后立刻请教了工程师，并且与市场上的产品做了比较，希望能够有机会再一次介绍自己的产品。随后，他对产品做了专业的介绍，客户非常满意，当场付款购买了样机。临分手前，客户拍着这位销售员的肩膀说："不错，加油，以后我朋友有需要一定找你！"

因为对产品的不了解而销售失败，这是很多销售员都遇到过的问题。因为不了解自己所销售的产品，说话就会心虚，连赢得客户信任的机会都没有，还谈什么拿下订单、达成交易？所以，销售员必须熟悉自己产品的专业知识，不能一问三不知。客户更希望面对的是个专家，而对自己卖的产品都不熟悉的销售员根本不可能赢得客户的信任。换言之，成功的销售员不能只是客户心目中的销售员，而是要成为客户心目中的专家。

作为一名销售员，必须掌握足够的产品、销售技术方面的知识以及对客户的认识，如果你是一名汽车销售员，就应该要求自己成为一流的汽车保养修理员。总而言之，身为一名销售员，对于有关销售商品的知识，都应该积极涉猎。

销售实训

销售员要想成为一名产品专家，需要了解哪些知识呢？

1. 了解与产品相关的消费信息

现在的消费市场发展日新月异，不断增强的产品功能和不断细分的市场，虽然有助于满足消费者全方位、深层次的需求，但是在面对越来越同质化的产品时，消费者在需求满足之前，首先面对的就是困扰和迷惑。这种困扰和迷惑来源于他们对产品情况的不了解。

这时消费者就需要一个能够为他们解答困难的人，当他们掌握了足够多、足够充分的产品信息时，就会对自己的购买有信心。消费者的信息掌握可能依赖于自己的了解和学习，但更多其实来自于销售员的指导。因此，了解相关的产品知识就成了销售员的基本职责。

很多人都有这样的体验，到家电商场去买电器时，同一档次的电器有很多品牌，彼此差别不大，功能相似，外观也各有特色。面对这种情况，消费者自然不能轻易决定购买哪种产品。这时，哪种产品的销售员对电器的相关知识了解得越多、表现得越专业、介绍得越详细，就越能引起消费者的注意。最终这类销售员通过自己丰富的专业知识，以及高超的销售技能，赢得了更多的交易。

从另一方面来说，消费者在购买产品之前，有了解更多产品知识的需求，这也是他们的权利。只有在充分了解之后他们才能买得心安理得。如果销售员无法满足消费者这一基本需求的话，也就无法真实获得消费者对产品的好感，消费者肯定不会草率地做出购买的决定。

2. 熟悉本公司产品的基本信息

销售员在进行销售之前，一定要对产品的以下信息做充分的了解：

（1）产品的名称。有些产品的名称本身就具有特殊的含义，包含产品的基本特征，甚至还可能包含产品的特殊性能。所以销售员要充分了解产品的名称来历。

（2）产品的技术含量。这指的是产品所采用的技术。一个产品的技术含量究竟有多少，销售员必须心知肚明，在对客户销售时，要做到扬长避短，引导消费者认识产品。

（3）产品的物理特性。包括产品的规格型号、材料、质地、美感、颜色和包装等。

（4）产品的价值取向。产品的价值取向是指产品能给消费者带来的价值。构成产品使用价值的几个因素为：

①品牌。品牌是消费者购买决策的重要因素，随着人们品牌意识的提高，对于很多领域内的产品，消费者比过去更加注重产品的品牌知名度。从这一方面下工夫，销售产品将更加容易些。

②性能价格比。通过产品说明书的性能参数可以确定产品的性能，性价比是消费者确定投入的依据，特别是在购买某些价格相对较高的产品时，这种考虑会更加深入。

③服务。现在的消费者越来越关注产品的售后服务，但是产品的服务不仅仅指的是售后服务，还包括售前服务和售中服务，这些都需要销售员引起注意。

④产品的优点。优点是产品在功效上（或者其他方面）表现出的特点。销售员如果不能说出三个以上让客户买你产品的理由，就无法打动客户。

⑤产品的特殊优势。特殊优势是指产品所蕴涵的独一无二的功能，是其他同类产品所无法提供的。

销售员在了解以上消费信息和产品信息的基础上，还要全面了解公司情况。因为对客户来说，销售员代表的就是公司，如果销售员对有关公司的问题不能迅速做出回答的话，就会给客户留下“公司不大”、“公司名声不好”等印象，这势必会对销售和公司名誉产生影响。

实例 26　介绍产品要有条理

点·睛·提·示

在销售时，销售员要想在介绍产品时让自己的语言有条理、有节奏，让客户听起来既清晰，又舒服，就要掌握介绍产品的基本步骤。

一般来说，如果客户真心想购买某一产品，那么他一定会尽可能多地了解此类产品的信息，尤其是购买价格比较高的产品，更是如此。所以销售员一定要掌握产品的详细信息，并且有步骤、详细地介绍给客户。

销售员：“您对这款机器感兴趣？”

客户：“嗯，是的。这款功能好像是更多些。”

销售员：“两款机器的功能其实都差不多。这款机器是 ×× 品牌的 0202 型号，目前的价格是 5500 元，去年 10 月份刚刚上市，销售情况非常不错。这款机器与之前我给您推荐的那款相比，区别在于：这款 0202 型号的机器……那款机器……”

客户："听了你的介绍，我觉得这款机器也不错。"

销售员："是的，您也可以把这款机器作为您的备选机型。"

客户："嗯，是的……"

有步骤、有顺序地介绍产品，会让客户觉得你是一个专业人士，不仅如此，你所陈述的产品特点和优势也会很自然地被客户接受。因为在整个的产品介绍过程中，你是处于主动地位的，在很大程度上，客户的思维已经被你的语言所左右，你已经完全占据了销售优势。

销售实训

其实很多销售员对产品的信息都非常了解，无论是基本特征还是产品优势，都烂熟于胸，他们缺少的只是把这些产品信息有步骤、有条理地介绍给客户的方法。

1. 介绍产品的基本特征

如果说销售 95% 靠的是热情，那剩下的 5% 靠的就是产品和知识。如果光有热情，自己对所销售的产品知识不了解，那也无济于事。所以销售员必须熟知自己产品的基本特征，即产品名称、型号、价格、产地、性能等。销售员只有充分了解自己的产品知识，才能毫不迟疑地回答出客户提出的任何问题，才能娴熟地运用它们来吸引客户的注意、满足客户的需求，从而提高销售业绩。

熟悉所售产品的基本特征，成为产品专家，这是销售员的一项基本素质，是成为一名合格销售员的基本条件。

巧妇难为无米之炊。每一个优秀的销售员都应该是顶级的产品专家。时代在发展，竞争激烈的销售市场对于销售员的要求也越来越高，销售员只有熟练掌握产品知识，成为知识渊博的产品专家，才能在优胜劣汰的市场竞争中胜出。

2. 介绍产品的优势

现在是产品极大丰富的时代，可以说，任何一种产品都有竞争对手，当然，客户之所以选择购买某种产品，首先是他有这方面的需求。但是，面对众多的同类产品，如何让客户选择你所销售的呢？这就需要销售员把自己产品的优势毫不保留地展示给客户。

产品优势是销售员为客户介绍产品时最需要介绍的关键信息，介绍产品优势这一步也是产品介绍步骤中最重要的一步。只有让客户认同了你的产品优势，才能激发其购买欲，进而慢慢培养其品牌忠诚度。那么，一个产品的优势主要体现在哪些方面呢？

（1）品牌效应。随着现在人们品牌意识的提高，客户越来越重视产品的品牌知名度。但这并不是说你所销售的产品品牌知名度越高成交率也就越高，因为品牌知名度高，相应地价格也就会高，而高价格并非每个客户都能接受的。现在，客户选择产品都比较理智，通常是“只选对的，不选贵的”，所以，针对不同的品牌，销售员要用不同的方法去说服客户。

品牌类别	说服方法	说服举例
一线品牌	一线品牌几乎人人皆知，所以推销员在向客户介绍时就不用刻意地强调该品牌如何有知名度，而是要重点突出口碑、质量、服务等这些由一线品牌才能带来的附加值	“先生，××牌子的电脑是我国第一民族品牌，您买了这款电脑，质量是可以保证的，如果遇到什么问题，打一个电话，我们就会上门服务”
二线品牌	二线品牌由于质量稳定、价格合理，通常比一线品牌销量高出很多，推销员在介绍这类产品时，重在强调产品的性价比	“先生，这款车省油，内部空间大，内饰也很好，性价比非常高，在近两年的中档车销售排行里，每年都排前三名”
不知名品牌	客户通常会对不知名品牌有一种排斥心理，认为没有听说过，所以不愿意尝试购买，这是一种正常的心理。推销员在遇到这种情况时一定要寻找各种证据，证明你的产品质量稳定、售后服务有保障、价格优惠等	“小姐，您看，这是产品的质量论证书，还有这个，是著名影星×××为此产品做的代言，即将在本市的媒体上投放”

总之，品牌信息是销售员在介绍时一定要面对的问题，无论产品的品牌知名度是高是低，你都要热爱自己的产品，更要热爱自己的品牌，这样你才能充满激情地去向客户介绍。

（2）价格优势。在购买产品时，每个客户都想用最少的钱买到最好的产品，所以如果你销售的产品在价格方面有较大的优势，一定要将其作为重要的卖点介绍给客户。

与其他同类产品相比较，即便是你的产品不具备价格优势，价格也会成为客户决定是否购买的一个关键要素。所以，如果客户认为你的产品价格相对比较高时，你就要引导客户不要只关注价格，还要关注其背后的质量、服务等附加值。

要想把产品的价格优势毫不保留地介绍给客户，销售员在了解自己产品的同时，还要了解其他同类产品的信息，以便进行比较，透彻地分析产品的设计、质

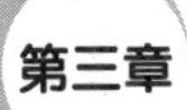

量等与同类产品的比较优势，向客户说明购买你的产品好处远远大于其他产品，从而引导客户正确看待价格的差异。

（3）特殊优势。除了品牌和价格优势，销售员还要跟客户讲明与同类产品相比，你销售的产品在设计、质量、外观等方面的独特优势，尤其是产品所蕴涵的新功能更要重点说明。原因是客户都有好奇心，对新颖、独特的产品都会眼前一亮，销售员一定要把握客户的这种心理，说服客户购买你的产品。

3. 介绍产品能给客户带来的利益

美国首屈一指的个人成长权威人士博恩·崔西说过："不销售产品，而销售产品带给客户的好处。"的确，在向客户销售产品时，陈述产品给客户带来的利益和好处是一个专业销售员所必备的技能。销售员可通过以下两种方法实现：

（1）认同，并重复客户的需求。专业的销售员会从客户的只语片言中迅速地捕捉到客户需求，并用一种肯定的语气来重复这种需求。这样通常会给客户一种心理暗示：我们的产品可以满足您的需求！

（2）用产品的优点满足客户的需求。销售员在确认客户的需求以后，就应该用产品的特征或者优点来满足客户的这种需求。

在介绍产品为客户所能带来的利益时，销售员需要注意，切忌夸大产品的功效，更不要无中生有，欺骗客户。对待客户一定要诚信，这样你才能和客户成为朋友，才能在销售的道路上越走越远。

4. 介绍产品的售后服务

在销售中有这样一句话："业绩的80%是由20%的老客户带来的，如果丧失了这20%的老客户，销售员将丧失80%的市场。"这告诉每一个销售员，想要占有一席之地，不仅需要优质的产品，还需要完善的售后服务。

现在的客户都会对自己所买的产品有没有售后服务，售后服务的期限、质量以及优势等十分关注。因此，即便你在前几步产品介绍时涉及了这一点，但是在最后依然要特别强调一下，以便让客户放心购买。

销售员在向客户介绍产品时，不仅要说得动听，更要说得有序，这样才能让客户详细、深入地了解产品，才能一步步地征服客户。

实例 27　充分展现产品的卖点

点·睛·提·示

卖点，是销售员向客户传播的一种消费主张和承诺。一个好的产品卖点，能够引起客户的强烈共鸣并激发他们对产品产生关注和好感，从而产生购买行为。

在与客户沟通的过程中，销售员需要把自己产品的卖点充分展现出来，这样有利于打动客户。销售员在向客户介绍产品时，首先要弄清楚哪些是产品的基本性能特征，哪些是产品的卖点与益处。

一般来讲，产品的性能特征就是指产品的具体事实，如产品的功能特点和具体构成，而产品的益处指的是产品对客户的价值，也就是该产品的卖点所在。在介绍产品时，要把产品的特征作为产品的优势重点介绍，如果不能针对客户的具体需求说出产品的相关优势，客户就不会对产品产生深刻的印象，更不会被说服购买。而针对客户的需求强化产品的益处，客户就会对这种特征产生深刻的印象，从而会被说服，会去购买产品。

1. 掌握有效说明产品卖点的方式

一般来讲，无论销售员以何种方式向客户介绍或展示购买产品的好处，通常都要围绕省钱、方便、安全等几方面展开。针对这些方面，销售员要根据不同的客户采用不同的说明方法：

"产品先进的技术会给你带来巨大的收益。"

"方便的使用方法能为你节约大量的时间。"

"这种产品可以更多地体现出你对家人的关心和爱护。"

"产品时尚的外观设计可以体现出您的超凡品位。"

当然，销售员应该注意的是，在说明产品的卖点时，必须针对客户的实际需求来展开。如果提出的产品卖点并不符合客户的需要，或者向那些需求实惠产品的客户推荐时尚而价格高昂的产品，那么即使这种产品的性价比再高，也不会引起客户的购买兴趣。

2. 突出产品的优势与卖点

当客户说出购买产品的条件时，销售员要将自己的产品特征和客户的理想产品进行对比，以明确哪些产品特征是符合客户期望的，客户的哪些要求是难以实现的。在进行一番客观的对比后，销售员就能有针对性地对客户进行劝说。

销售员可以通过强化产品的卖点与优势，对客户发动攻势。如："您提出的产品质量和售后服务要求，我公司都可以满足您。一方面，我公司的产品特点在于……另一方面，我公司还为客户提供了各种各样的服务项目，如……"

在强化产品优势时，必须要保证自己的产品介绍是实事求是的，并且要表现出沉稳、自信和真诚的态度。

3. 弱化那些无法实现的需求

无论销售员多么努力地向客户表明产品的各项优势，聪明的客户还是会发现你销售的产品在某些方面达不到他们理想中的要求，面对这种情形，就要主动出击，以免让客户步步紧逼，使自己处于被动地位。

如果你的产品达不到客户的要求，可以运用以下两个方法来弱化客户的内心落差。

（1）只提差价。这种方法适用于很多种产品的销售。"只要多付 1000 元，您就可以享受到纯粹的夏威夷风情。"

（2）进行贴近生活的比较。这要求销售员对自己的产品有较为深刻的理解，并且这种理解符合大多数人的生活习惯。如："您只要每周少抽一包烟，那么购买这个产品的钱就出来了。"

销售实训

产品的卖点有很多，销售员在提炼产品卖点时，一定要遵循一定的法则，否则提炼出的点就不能起到"卖点"的作用。

1. 客户有其需

产品卖点的诉求对象是产品的目标消费者，也就是客户，因此在提炼卖点的时候首先要确定的是卖点是针对客户来进行提炼的，客户有什么样的需求你就提炼出什么样的卖点，切忌“闭门造车”式的卖点提炼。

因此，市场有需求是产品核心卖点提炼的基础要素，无论这种需求是现实存在的还是潜在的，产品的核心卖点必须紧扣客户的需求。

2. 产品有其实

产品的核心卖点必须是产品本身具有的品质，如果在提炼卖点时看客户需要什么你就“卖”什么，丝毫不考虑产品自身具不具备这种品质就胡乱捏造核心卖点，最终只会自己打自己的嘴巴。

3. 产品有其特

在现在的市场上，产品的同质化现象严重，这也造成了客户对产品的低忠诚度问题。因此在提炼产品的卖点时，一定要突出产品与众不同的特点，突出产品与其他产品的差异性，在产品的独特之处提炼产品的卖点。

4. 确实有其人

要根据客户的需求和产品的特点来提炼产品的卖点，同时还要考量这个卖点能在多大程度上满足客户的需求，能满足多少客户的需求这两个问题。尽管销售员在销售产品的时候可以根据客户的不同特点选择销售的重点，但产品的核心卖点是不会轻易改变的，因此在提炼产品卖点的时候还要从这两个方面来选取一个最大公约数。

5. 传播有其途

一个好的产品核心卖点，不仅仅涵盖了产品的特点、消费群体的特征等因素，还一定要考虑到产品核心卖点在传播过程中的便利性。一个好的核心卖点应该具备极其利于传播的特点。

6. 目标有其明

任何产品的核心卖点都应该有明确的目标，产品的核心支点一般不能承载过多的目的，目的过多，往往会导致目的不明确，让产品特点不明晰。

7. 事出有其因

在提炼卖点的时候，还要对产品卖点有倾向性。假如客户对产品的某种功能有需求，而且产品也能满足这种需求，那么是不是就一定可以把产品的这种功能作为卖点呢？答案是否定的。例如，我们销售的产品是一个新品牌的牛奶，那么

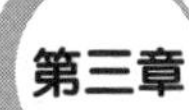

把牛奶的“营养性”作为卖点怎么样呢？结果你会发现以“营养性”为卖点远远不如以“新鲜性”为卖点更能吸引客户。因为客户认为“营养性”是牛奶的基本特性，而现在“新鲜性”才是客户更注重的牛奶品质。

实例 28　迅速让卖点成为亮点

点·睛·提·示

现场演示只是把产品的卖点变成客户眼中的亮点的重要手段之一，作为一名优秀的销售员，要能利用不同的方法让客户对产品的卖点有更直接的了解和接触，去说服他们做出购买的决定，这比任何语言都有力量。

在销售过程中，销售员能否尽快地让客户了解产品的卖点，并让这个卖点成功地吸引住客户，成为客户眼中的亮点，往往对能否成交有着至关重要的影响。一个产品无论其卖点如何好，如果不能让客户感受到这个卖点带给他们的利益，客户不接受产品，那么再好的卖点也没有意义。因此，在向客户销售产品时，销售员应想办法尽快把产品的卖点展现在客户面前，让产品的卖点成为客户眼里的亮点，从而激起客户的购买欲望。

如何才能快速吸引客户眼球、把产品的卖点转变成客户眼里的亮点、促成现场购买呢？解决这个问题的有效方法之一就是现场演示销售。通过销售员的现场演示，让客户亲眼看到产品的卖点，亲身体验产品的卖点带给他们的好处，让产品的卖点转化成客户眼里的亮点，让客户产生购买的冲动。

在和客户交谈的过程中，通过现场演示向客户展示产品的亮点，是提高产品销售量的一种重要方法。

某销售员在销售一种不知名的蒸汽熨斗时，向周围的客户详细讲解了产品的独特功效，和普通熨斗相比有哪些优点等。虽然客户对销售员的话表示赞同，但却并没有要购买的意思。后来销售员建议说："我来演示一下这种产品的用法吧。"然后就在现场边演示边讲解，经过他的现场演示，广大客户眼前一亮：这种熨斗不仅比其他熨斗经济实惠，而且使用起来效果更好、更方便。于是刚才还只是销售员口头宣传的卖点，经过销售员的现场展示，马上就变成了客户眼里的亮点——之前许多客户之所以没有采取购买行动是因为他们没有看到产品的独特卖点。

就这样，这个销售员凭借一个演示台、一个堆头和一两款产品，就做出了5万元左右的月均零售额，旺季时甚至高达20多万元。他每到一个经销商处，都要求经销商配合他搞现场展示销售，以吸引当地客户。

在销售过程中，销售员应该根据产品的特点，想办法尽快把产品的卖点展示给客户，让产品的卖点变成客户眼中的亮点。客户亲眼看到、亲手摸到的产品优势比销售员的语言更有诱惑力，当他们看到自己喜欢的东西时往往会产生想拥有它的想法。如果自己有支付能力，那么他们往往会把它买下来。因此，产品的卖点一旦成了客户眼中的亮点，即使是那些事先并没有购买倾向的客户往往也会产生购买的冲动。

销售实训

现场演示可以让客户亲自体验到产品带给他们的利益，让产品的卖点迅速成为客户眼中的亮点。

1. 适于现场演示的商品特点

尽管现场演示的作用很明显，但也并不是说所有的产品都适合用现场演示这种方法来打动客户，通常来说，适合于现场演示的商品要有以下特点：

（1）效果明显。即现场演示的商品的功能要能够明显地展现出来，能让客户立刻清晰地看到其优势。例如飞利浦新推出的高档防水剃须刀，通过"水浸泡"演示，其防水卖点尽显无遗。

此外，现场演示的效果要立等可见，如果要过很长时间甚至几个小时才能看到效果，客户早就跑光了。

（2）卖点独特。演示商品与同类商品相比，如果没有更新的功能特点，一般就不要为了演示而演示。只有更新、更为独特的卖点，才能激发客户的购买欲望。

2. 注意现场演示效果

对适合现场演示的商品进行演示时，还要注意演示的效果，以提高客户的兴趣，如果处理不好，反而会让产品的卖点失去说服力。

（1）突出演示重点。突出最能吸引客户的主要优势和卖点。对于那些客户不是很关心的功能，则轻描淡写。

（2）增强演示趣味性。某公司的销售员在销售剃刀时拿桃子开刀，将桃子表面毛茸茸的细毛剃干净，又不伤及软软的桃皮。这一演示带有趣味性，十分引人入胜。

（3）创造良好的现场气氛。一个好的演示还要考虑让客户参与其中。因此在设计演示方法时一定要考虑如何邀请客户参与，参与哪些演示环节，以实现良好的现场互动气氛。

（4）演示要干净、利落、规范、安全。销售员在进行现场演示的时候，还要设计一整套的标准演示用语和演示动作，将演示活动流程化、程序化。对于演示过程中常见的一些细节或意外状况，在培训时要作相应演练，明确如何防范和处理意外事件。

3. 现场演示注意事项

现场演示还要注意：

（1）在演示中要紧紧围绕卖点来进行演示，一般来说产品的卖点是能体现产品“个性”的特点，对产品的这个“个性”，销售员要在演示中对客户刻意强调以加强客户的印象。

（2）销售员在演示中还要让自己的演示要点、讲解要点与客户的关心点达到一致。

实例 29　让产品优点在客户脑海中扎根

点·睛·提·示

一名优秀的销售员，其卓越战绩并不来自于滔滔不绝、口若悬河的讲话艺术，而是来自于他的每句话在客户脑中产生的鲜明印象，把商品的优势生动形象地刻画在客户的脑子里。

受到大学生欢迎的教授，并不一定是因为他讲课的内容有何过人之处，而很可能是因为他讲课的方式和技巧，即讲得深入浅出而能让学生们理解。同样，业绩优异的销售员销售的商品并不一定有何特别之处，但他一定有一种独到的方式把产品介绍得使客户一听就想买。那么怎样让客户一听就想买呢？

1. 把抽象利益具体化

我们知道，小的商品可以随身携带以展示在客户面前，而大型商品（汽车、房地产等），或抽象的商品（保险、证券等）则无法随身携带，客户也就看不见、摸不着了，这便需要销售员将其卖点具体化、形象化（照片、画图、制表等）地展现在客户面前，让他们看得见、摸得着，这种现实的卖点展示对客户会产生更大的诱惑力。

在销售中，如果确实不能把商品展示给客户看，就要尽量用客户最熟悉的事物去打比方，用客户最熟悉的语言去说明，尽量用语言在客户心里勾画出商品的具体形象。比如在销售超小型录音机时，如果不能把产品直接给客户看，但销售员能让客户看录音机与烟盒放在一起做比较的照片，也会比说录音机高多少厘米、宽多少厘米更有效果。同样，说明一套音响音效的最好办法是把音响打开让客户自己去听。

再比如投资产品，与其说明一年的投资回报率达 12%，不如再补充说明，对于每100万元的投资，每月可得10000元的红利，这样更容易打动客户。利益不能光凭道理讲，而应把它描绘成图表，使客户能够看到。在争取客户时，把客户看的说明书和商品目录改绘成为图表的形式，比单纯的文字说明书和商品目录更有价值。

2. 给客户讲故事

向客户介绍产品的时候，讲一两个小故事对销售员来说也是打动客户的有效手段。和单纯地宣传产品是多么好、买了之后能带来多少利益相比，一两个内容有趣的小故事更容易唤起客户的感情，也更能让客户对你的产品产生亲近感。

一家公司生产出了一种新的化妆品，叫兰牌绵羊油。公司的一位销售员在销售绵羊油的时候，没有向客户讲绵羊油含有多少微量元素，是用什么方法生产出来的，而是讲了一个动人的故事：很久以前，有一个国王，他是一个美食家。有一个手艺精湛的厨师，能做出香甜可口的饭菜，国王对他十分满意。突然有一天，这位厨师的手莫名其妙地红肿起来了，做出来的饭菜再也不像以前那么好了，国王十分着急，下令御医给厨师治病，可御医绞尽脑汁也弄不清楚这个病是怎么得的。厨师只好含泪离开王宫，开始了自己的流浪生涯。后来一位好心的牧羊人收留了这位厨师。于是，这位厨师每天和牧羊人风餐露宿，放羊为生。放羊时，厨师就躺在草地中，一边回想着过去的故事，一边用手抚摸着绵羊以发泄心中的忧伤；夏天到来的时候他还帮助这位牧羊人剪羊毛。有一天，厨师惊奇地发现自己手上的红肿不知不觉地消退了！他十分高兴，告别了牧羊人，重新来到了王宫外，只见城墙上贴着一张红榜，国王正在面向全国招聘厨师。厨师就撕掉皇榜前来应聘，这时人们早已认不出来衣衫褴褛的他了。

国王品尝了他做出的饭菜以后，觉得香甜可口，简直和以前那位厨师做得一样好吃，就把他叫了过来，发现果然是以前的那位厨师。国王非常好奇地问这位厨师，手上的红肿怎么消退了。厨师说不知道，国王详细地询问了他离开王宫之后的情景，断定是绵羊毛使厨师手上的红肿消退了。

这时，销售员话锋一转，说道："我们就是根据这个古老的故事，开发出了绵羊油。"然后，很自然地进行产品推销。

向客户介绍产品的时候，讲一两个小故事对销售员来说是走向成功推销的一条捷径，只有客户真正了解你所推销的产品，你才可能获得成功。

每件产品背后都有一段感人的故事，作为一个销售员平时要多注意搜集和销售产品有关的一些小故事，挖掘所销售商品中隐藏的感人小事，让这些小故事成为你销售过程中的重要“武器”，这也是销售过程中一个很重要的环节。

销售实训

除了以上两种方法，还有许多方法可以将产品的优点印在客户的脑海中。

一位销售大师说过，一次示范胜过一千句话。

几年来，一家大型电器公司一直在向一所中学推销他们的用于教室黑板的照明设备，联系过无数次，说过无数好话，都无结果。后来一位销售员想出了一个主意。他抓住学校老师集中开会的机会，拿了根细钢棍站到讲台上，两手各持钢棍的一端，说：“女士们，先生们，我只耽误大家一分钟。你们看，我用力折这根钢棍，它就弯曲了。但一松劲，它就弹回去了。但是，如果我用的力超过了钢棍的最大承受力，它再也不会自己变直的。孩子们的眼睛就像这根棍，假如视力遭到的损害超过了眼睛所能承受的最大限度，视力就再也无法恢复，那将是花多少钱也无法弥补的。”结果，学校当场就决定，购买这家电器公司的照明设备。

有人做过一项调查，结果显示，假如能对视觉和听觉做同时诉求，其效果比仅对听觉的诉求要大 8 倍。销售员使用示范，就是用动作来取代言语，这能使整个销售过程更生动，使整个销售工作变得更容易。

优秀的销售员明白，任何产品都可以拿来做示范。而且，在 5 分钟所能表演的内容，比在 10 分钟内所能说明的内容还多。无论销售的是债券、保险或培训产品，任何产品都有一套示范的方法。他们把示范当成真正的销售法宝。

示范为什么会具有这么好的效果呢？因为客户喜欢看表演，并希望亲眼看到事情是怎么发生的。示范除了会引起客户的兴趣之外，还可以使你在销售的时候更具说服力。因为客户既然亲眼看到，所谓“眼见为实”，脑子里也就会对你所推销的产品深信不疑。

有的销售员常常以为无形的产品无法示范。其实，无形的产品也能示范，虽然比有形产品要困难一些。对无形产品，你可以采用影片、挂图、图表、相片等

视觉辅助用具，至少这些工具可以使销售员在介绍产品的时候，不显得单调。

对于产品销售来说，一个简单的示范胜过千言万语，其效果可让你在一分钟内，做出别人一周才能达成的业绩。

实例30　不要夸大产品优点

点·睛·提·示

作为一名销售人员，你没有必要为自己推销的产品存在缺点而犯愁，任何一个产品都存在优点和不足，如果你将自己的产品刻画得过于完美.在客户面前想方设法地掩盖产品的缺点，反倒会给人一种不真实的感觉。

俗话说得好：“老王卖瓜，自卖自夸。”没有人会说自己的产品不好，但是过度夸耀自己的产品会让客户反感。一方面，对产品市场比你还了解的客户会因此不信任你；另一方面，不知情的客户购买后发现商品达不到你所夸耀的程度时会出现抗拒、厌恶的情绪，甚至会因此而投诉你。

有些销售员认为只有夸大其词的宣传才能真正打动客户。他们将自己的产品或服务同其他商品或服务进行比较，强调并夸大自己的优点。

销售宣传是用来促成交易的，它主要是宣传产品或服务的功能，而不仅仅是对产品作浮夸的介绍。客户更在意的是你的介绍是否是真实可靠的。

有一位医生近几年来一直都使用某家药厂的产品。突然有一天，他完全不再使用该药厂研制的产品了。为什么？因为有一位销售员到他的诊所丢下一瓶药丸说：“这是你所有气喘病人治愈疾病的良药。”医生很生气地说：“你还真有胆量对我这样说，我有一些病人已使用过，一点都无效！”

后来有人问医生：“是不是真的完全无效？”

“也不完全如此，就解除症状而言，它是蛮有功效的，但是气喘病是无法根治的，有太多的因素会使它发作，心理受到影响也可能是发作的因素之一。”

“你希望那位销售员怎么说呢？”

“如果他对我说：‘布雷克医生，在病人不知情的情况下所做的大规模实验显示，这种药物对80%的气喘患者能有效减轻症状。’我就会阅读那份报告，并增加处方量。老实说，它还算是不错的产品，但为什么他要向我过度吹嘘呢？”

向客户介绍产品是销售员销售工作的重要环节，几乎每个销售员都明白产品介绍的重要性。也正因为如此，很多销售员说起产品的优点、好处时，头头是道，甚至有些天花乱坠。销售员向客户大谈产品是多么完美，简直就是完美无瑕，这样不少客户高高兴兴地买回去，发现产品并非销售员所说的那样，一点也不适合自己不说，甚至有着非常致命的缺点。如果是这样，客户还会对你有好感吗？还会再相信你，再买你的产品吗？

所以，销售员在销售产品时不要过分夸大产品的优点，这样会使客户的期望值过高，以至于以后你的产品达不到你所说的优点，客户会觉得你是在吹牛，甚至在欺骗，这样对你的产品，对你的人品都会打折扣。

销售实训

在向客户介绍产品的优势时，为了避免过分夸大产品优点，销售员需要注意些什么呢？

1. 介绍产品要客观

美国首屈一指的个人成长培训权威人士博恩·崔西说过：“说尽优点，不如暴露一点点真实。”销售员在介绍产品的时候，要尽量保持语言的客观性，这样不但可以突出产品的特性，还可以让客户更容易接受。

一个销售员说：“一位小姐正是买了廉价的化妆品，结果造成皮肤过敏，整个脸都肿了，想想真是得不偿失！我们的化妆品是正规厂家生产的，虽然价格贵些，但它是通过国家质量检测的，绝对安全，虽说多花些钱，但可以获得漂亮、安全、健康的保证。”

这位销售员说得就比较客观，既明确地说明了自己产品的优点，又提醒客户不要图便宜用那些廉价的化妆品，这样客户才会觉得他是个诚实的人，愿意购买他的产品。

2. 介绍产品要偏重于益处

客户在决定购买你的产品时，通常是因为你的产品能给他带来的好处和益处超出了其他的产品。也就是说，客户希望产品给他提供一项或多项的功能。因此，无论客户是否需要，你都要将你的产品所能带给他的益处一一介绍清楚。比如，在与客户交谈时，下边这些句子要经常用到：

“这台洗衣机能为您节约水费、电费……”

“这辆汽车能体现您的身份和地位……”

“穿上这件衣服会让你更加时尚、引人注意、光彩夺目，也会让别人觉得你更有品位……”

“买了这款产品，会给你带来更多的收益……”

“这辆汽车上的靠椅会让人觉得更加安全……”

3. 介绍客户所需要的关键点

销售员在向客户介绍产品时，仅仅是说明和示范产品的特性是不行的，还要从客户的角度出发，根据客户的需求，找出客户最想知道的关键点，这个关键点其实对客户来讲也就是优点（虽然对其他客户并非如此）。销售员把握了客户所需要的关键点，然后将其作为产品优势来说服客户，这样客户才有可能购买。

销售员向客户强调关键点，就是强调产品本身所独有的卖点、优势。当客户知道了这个产品的优势正是他所需求的，就算产品存在缺点，他们也还是会接受的。

4. 切忌无中生有，欺骗客户

客户来买你的产品，一般会对产品有点了解，如果你的话语中存在虚假成分，客户会觉得你在欺骗他，本来谈好的事也会因此而泡汤。

销售员应该注意，在介绍产品作用时，要绝对真实可靠，不能夸夸其谈，要展示自己产品的主要功能和特性，如果存在虚假信息，会影响产品和你的可信度，切记不要因小失大。

总之，销售员在向客户介绍产品的优点时，要实事求是地根据产品的长处来介绍产品，切记不要过分夸大产品的优点，这不仅是销售的重要技巧，也是销售员的基本素养。

实例 31　找到客户最关心的利益点

点·睛·提·示

销售员一定要明白，自己卖的不是产品，而是产品带给客户的利益——产品能够满足客户什么样的需要，为客户带来什么好处。

趋利避害是人的本性。当你明明白白地让客户感受到，你的产品将给他带来哪些实实在在的好处时，客户就会心甘情愿地接受你的产品了。为此，乔·吉拉德曾提醒专业的推销员，最主要的工作就是找出客户购买此种产品的主要诱因是什么，以及客户不购买这种产品最主要的抗拒点是什么。

一位高压锅推销员向一位老太太推销高压锅，推销员告诉老太太使用高压锅怎么怎么方便，可是这位老太太还是摇头。最后老太太才告诉推销员不买高压锅的原因，老太太一直认为高压锅很费电，他们家里的电费也很贵。听了老太太的话，推销员和这位老太太算了一笔账。

六口之家用高压锅，每天可节省 1 毛钱，每年可节省 36 元。高压锅按国家规定的标准可用 8 年，这就是说，您家使用高压锅，不仅省时、省事，节省的钱就达 300 元，而我们的高压锅才卖 70 元。

当然，最后的结果是，老太太听了推销员的介绍后，感受到了实实在在的好处，从而决定购买这位推销员的高压锅。

在销售过程中，我们推销员所销售的每种产品以及所遇到的每一个客户，都有自己的利益点。而我们最重要的工作，就是在最短的时间内，找出那个利益点在哪儿，然后将客户的注意力完全集中在这个利益点上。那么客户的抗拒自然就化解了。

销售实训

面对品牌知名度、性能、价格、质量等等都差不多的众多竞争对手，推销员该怎么做才能让客户感觉到你的产品更“动人”呢？简而言之，怎么用利益打动客户呢？推销员向客户提供的利益包括几个方面：

1. 安全、安心是客户使用产品最关心的利益点

满足个人安全、安心而设计的有形、无形的产品不可胜数。无形的产品如各种保险，有形的产品如防火的建材。安全、安心也是客户选购产品时经常会考虑的因素之一。一位销售小孩玩具的推销员，提到每次有家长带小朋友购买玩具时，由于玩具种类很多，很难取舍，但是只要在关键时机，巧妙地告诉家长，某个玩具在设计时如何考虑到安全性时，家长们几乎都立刻决定购买。

2. 产品的象征意义也可成为利益点

产品利益既包括产品性能、质量带来的实惠，也包括品牌声誉带来的心理满足等。劳力士手表、奔驰汽车虽然是不同的产品，但它们都能满足客户象征地位的利益点。整体形象的诉求，最能满足个性、生活方式、地位显赫人士的特殊需求。针对这些人，您在销售时，不妨从此处着手试探潜在客户最关心的利益点是否在此。

3. 产品的适应性存在价值点

随着电子技术的革新，现在许多企业都不遗余力地进行着工厂自动化、办公室自动化（OA）的发展。这些企业购买电脑、打印机、复印机、传真机等所谓OA产品的时候，普遍都以能否构成网络为条件而选择，这即是因系统化的理由而购买的例子。

4. 品牌广告的形象塑造秀

通常人们认为好产品是广告上能看到、商场里能买到的产品，因此，用公司打出的市场宣传广告为自己的推销佐证，不失为推销员的一个策略。一个好的品牌给人一个好的第一印象，唤起好的联想。好的形象主题陈述以简洁的一句话告诉受众产品是用来做什么的，企业是做什么的，它可提供什么益处，以及它与竞争者的区别，为什么它比竞争者更好。客户愿意和一个品牌形象好的企业打交道。

5. 公司的品牌形象价值千金

如何以公司的品牌作秀？推销员可以在拜访客户时，向客户介绍公司的规模、实力、在行业中所处的地位、信誉、发展历程、企业文化等内容。此外，还要做到：给客户寄送内部刊物，让客户感受企业的荣誉和进步，加深客户对企业的了解；在内部刊物上宣传报道客户的优秀事迹；刊登客户的工作照、家庭照；在客户中进行有奖征文活动等；开展联谊活动，如组织球队进行比赛，或共同举办演出活动等；邀请客户到企业参观，到企业所在地旅游或参加会议。

6. 产品的性价比动人心

产品的性价比就是产品的性能值与价格值之比，是反映物品的可买程度的一种量化的计量方式。很多客户都把性价比看成是选购产品的重要指标，若是你的客户对价格非常重视，你就可向他推荐在价格上能满足他的产品，否则你只有找出更多的特殊利益以提升产品的价值，使他认为值得购买。

7. 产品的独特利益吸引人

向客户提供竞争对手所没有的利益，用独特的利益吸引客户。比如：您每天都要和国外各分公司联络，因此使用传真机的速度较快，能节省大量的国际电话费；牙膏有苹果的香味，闻起来很香，让您家的小朋友每天都喜欢刷牙，可避免牙齿被蛀；这双鞋是设计在正式场合穿的，但鞋底非常柔软富有弹性，很适合步行上下班的您来穿……对此推销员要从产品、服务、客户交往等方面用与众不同的方法，为客户带来更大的利益。

需要强调的是，客户的独特利益是需要推销员去发掘的。而能找出产品的特性及优点，满足客户的特殊需求，或解决客户的特殊问题，这个特点就有无穷的价值，这也是推销员们存在的价值，否则根本不需要有推销员。而推销员对客户最大的贡献，就是能够让客户明白购买产品的最大价值并得到这些价值。推销员要做的是从探讨客户购买产品的理由、找出客户购买的动机、发现客户最关心的利益点出发，为鱼儿制出不同的香饵，从而钓得大鱼。

实例32　凸显产品的优质服务

点·睛·提·示

销售员除了要向消费者提供优良的商品之外，提供优质的服务更是制胜的“法宝”。要设身处地为客户着想，在客户尚未提出要求之前即做好让客户感觉满意的服务。

消费者买东西都有一种普遍的心理，就是买得舒心，用得放心，坏了有保修。为了满足消费者这种心理，一些产品各式各样的售前、售后一条龙服务相继不断完善，如包送、包修、包退等承诺服务，目的是给消费者一份踏实的安全感。

消费者选择购买目标的标准并不只是商品本身，还有超越商品之外的附加价值。这个附加价值就是我们通常所说的服务。销售员除了要向消费者提供优良的商品之外，提供优质的服务更是制胜的“法宝”。要设身处地为客户着想，在客户尚未提出要求之前即做好让客户感觉满意的服务。请记住以下数据：

（1）91% 的客户会避开服务质量低劣的公司，80% 的客户会另找其他方面差不多但服务更好的公司，20% 的客户愿意为更好的服务多付钱。（美国策略谋划所研究结果。）

（2）再次光临的客户可为公司带来 25% ~ 80% 的利润。吸引他们再次光临的因素，首先是服务质量的好坏，其次是产品本身，最后才是价格。

以上的数据可以用公式表示为：

产品实体 + 服务 = 完整的商品

现代的企业，大多都只注重员工的销售绩效，而把其他的都忽略了。销售员在追求销售绩效的时候，也要关注客户对商品服务的关心。有时客户对商品的各个方面都很满意，而且价格上也没有问题，但是担心以后商品可能会出现质量问题，所以举棋不定，迟迟不肯下定决心来购买。销售员面对这种的情况可以这样说："先生，如果您发现我们的商品有任何质量问题，可以在一年时间内免费更换，我们保证服务一年。"这样的话就给客户吃了一颗定心丸，让他无后顾之忧，放心购买。

销售员在说明服务内容时，要表现出热诚，一定要有真心诚意，让你的话有说服力，而且同样的字眼因强调不同也会有不同效果。比如"我们保证服务一年"这句话，大声说这句话时，如果强调"我们"这两个字，就表示：你可以从我们这里得到最好的服务，但我可不知道其他地方会不会这么做。

现在再说一遍这句话，然后强调"保证"这两个字，这表示你一定能负责到底。如果你希望客户可以完全放心，不必担心质量问题，那么一定要强调"服务"两个字。如果你要强调保证服务的期限，就要强调"一年"这两个字。这是擅长做销售的人的做法。

请看下面的事例：

销售员说："我们公司现在有一项决议：凡在我公司购买房产的客户，在交纳了头期的首付款以后，就可以试住一段时间。如果对房子的性能比较满意的话，则分期付款或者付清余额款项都可以；如果对房子不满意，公司将帮助客户出售房子，这样客户几乎就没有什么损失了。"

在客户举棋不定很犹豫的时候，销售员用一种令他们很感兴趣的话题去刺激他们的敏感神经。

销售员接着说："对于买房子这样的大事，谁都会仔细地考虑一番的，谁也不愿意很武断地下决心去买一套自己不喜欢的房子。我们公司充分考虑到这一点，特别推出这套更有人情味的服务方案，可以解决每一位客户的后顾之忧。"

很显然这样充满人情的服务方案是让人难以拒绝的。

在销售过程中，客户询问产品的售前、售后服务往往是客户对商品表示有兴趣的一种信号。当客户提出这个问题时，销售员要根据客户关注的焦点来回答，不能笼统，不然容易给客户造成千篇一律的感觉，不能给客户留下深刻的印象。

请看下面的例子：

客户："你们的售后服务怎么样？"

甲销售员："您放心，我们的售后服务绝对一流，我们公司的服务宗旨是客户至上。"

客户："是吗？我的意思是说假如它出现质量问题等情况怎么办……"

甲销售员："我知道了，您是担心万一出了问题怎么办。您尽管放心，我们的服务承诺是1天之内无条件退货，1周之内无条件换货，1个月之内无偿保修。"

客户："是吗？"

甲销售员："那当然。我们可是中国名牌，您放心吧。"

客户："那好吧。我知道了，我考虑考虑再说吧。谢谢你。再见。"

甲销售员对客户提出的问题给予了翔实、全面的解释，而且几乎是脱口而出，明白流畅。但为什么不能引起客户的兴趣呢？分析原因，可以看出，销售员的说话焦点没在客户身上，他没有弄清楚客户关注的主要是什么，就给出了自以为是的答案，这样轻率作答没有针对客户具体担心的问题，也使客户感觉没有得到应有的尊重。

解决这种问题最好的做法就是要了解提问者的真实动机，然后再给予回复。请看下面的例子：

客户："你们的售后服务怎么样？"

乙销售员："我很理解您对售后服务的关心，毕竟买车不是一个小的决策。那么您所指的售后服务是哪些方面呢？"

客户："是这样，我以前买过一辆车，但用了一段时间后就开始出问题，后来送到厂家去修，卖方说要收5000元修理费。我跟他们理论，可是他们还是不愿意承担这部分的费用，没办法，我只好自认倒霉。不知道你们在这方面是怎么做的。"

乙销售员："我很理解您对这方面的关心，确实也有客户问过同样的问题。我们公司的设计极好，出问题的可能性是极低的。当然，任何事情都有万一，如果真的出现了问题，您也不用担心，我们的售后服务承诺是：从您购买之日起1

年之内免费维修，同时提供24小时之内的主动上门服务。您觉得怎么样？”

客户：“那好，这样我就放心了。”

对照着以上两个事例可以细品销售的技巧，甲销售员只是对客户说明了售后服务的内容，较笼统；乙销售员通过有效的提问，找到了客户问题的根源，有针对性地为客户做出了承诺，轻松化解了客户的疑虑，这种关心与尊重使乙销售员获得了销售的成功。

销售实训

从以上两例中还可以得出这样一个结论：会说话不是滔滔不绝地表达，而是把话说到点子上，送进客户的心里，让客户的购买毫无后顾之忧。只有这样的表述才适合于销售工作的开展。

另外，承诺的关键是完成承诺，你要给客户一个保证，保证客户购买你的产品不会有任何风险，保证你的产品确实可以对客户有用。

但是，你在承诺时要注意，不能许下你做不到的承诺。否则，会因此而伤害你自己、你的客户和你的公司。

实例33　说破利弊让客户自己选择

点·睛·提·示

对于产品存在的利与弊，销售员要将其明确告诉客户，让其自己选择。

有时，客户会对产品的某方面提出一些要求，而产品恰恰在这方面不能达到这个要求，客户会以有缺陷为由转而选购竞争对手的产品。其实，厂家对产品的设计一般是依照大众的需求，而这样有时就不能满足一些人的特殊需要，正所谓“有一利必有一弊”。产品的研发人员为了保留产品的某一些特性，而不得不牺牲另外一些特性，这就是“鱼与熊掌”的道理。销售员面对客户提出的产品缺陷问题要会解释这些缺陷产生于设计者为了其他的益处而对某些特性的牺牲，而不是自己的产品真的不如竞争对手。

请看下面的事例：

客户：“我觉得你们卖的这款笔记本电脑太笨重了，个头也有些大。”

销售员：“哦？为什么您会觉得重呢？”

客户：“你看，另一家公司的笔记本电脑重量只有 2 千克，你们的却有 2.6 千克。作为工程师我总是在外面出差，所以希望电脑的重量能够轻一些，尺寸小一些。”

销售员：“我明白了。工程师在外面工作，笔记本电脑是他们的工作工具，非常重要。您觉得对于工程师来讲，还有什么笔记本电脑的指标比较重要呢？”

客户：“除了重量，还有可靠性和坚固性，当然还有配置，例如 CPU 速度，内存和硬盘的容量。”

销售员：“您觉得哪一点最重要呢？”

客户：“当然最重要的是配置，其次是可靠性和坚固性，然后是重量。但是重量也是很重要的指标。”

销售员：“每个公司设计产品的时候，都会平衡各个方面的性能。如果重量轻了，一些可靠性设计可能就要牺牲了。例如，如果装笔记本电脑的皮包轻一些，皮包对电脑的保护性就会弱一些。根据我们对客户的研究，我们一直将可靠性和配置放在优先考虑的位置，这样不免牺牲了重量方面的指标。事实上，我们的笔记本电脑采用的是铝镁合金，虽然铝镁合金的重量重一些，但是更坚固。而有的笔记本为了轻薄，采用飞行碳纤维，但坚固性就差一些。基于这种设计思路，我们笔记本电脑的配置和坚固性一直是行业中最好的。您对于这一点有问题吗？”

客户：“鱼和熊掌不能兼得了。”

销售员：“您的比喻非常形象。我们在设计产品的时候更重视可靠性和配置从而影响了重量。您也同意可靠性和配置更重要些，对吧？”

客户：“对。”

在这个事例中，对于客户提出的产品缺陷问题，销售员将话题转移到对自己有益又可以解答的方面上来。有的销售员一听客户对自己销售的产品表示不满，马上就去辩解，花了很多时间也没有办法说服客户。其实，缺陷就是缺陷，销售员是没有办法将缺陷变成优点的。克服缺陷的关键是淡化缺陷而不要越描越黑。此时销售员应提醒客户：除了客户关心的因素，还有其他的因素更为重要。从而谈到自己产品的特性给客户带来的益处，让客户明白“鱼和熊掌不能兼得”的道理。当销售员让客户相信这种设计更适合客户，客户自然就会“舍鱼而取熊掌”了。

销售实训

销售员在说服客户时应给客户分析清楚购买你的产品的利弊得失，站在客户的角度，为客户考虑，让客户在心里做个比较再心甘情愿地购买。也可以拿出一张白纸把使用产品的好处和弊端列出来，在对比中，客户会一目了然。

比如为客户介绍一款防水笔记本电脑，综合起来可以用“加、减、乘、除”的方法说其利弊。

1. 加法

加法即说明如果客户购买会带来的益处。

“使用该款笔记本电脑，您就不用再担心饮料洒进键盘内的问题了。”

2. 减法

减法即说明如果客户不购买，会带来什么弊端或损失。

“如果您使用其他不具备防水功能的笔记本，出现情况后就很麻烦了！”

3. 乘法

利用人们的从众心理加以影响。

“许多像您这样经常乘坐飞机的‘金领’都很喜欢这款笔记本电脑。”

4. 除法

化整为零法淡化价格问题，使客户更容易接受。

“不到9000元的高性价比，您算算，假如可以使用2年，算下来每天也才花费10元，您利用这款电脑高效快捷地办公会多创造多少价值啊，不知道是9000

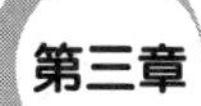

元的多少倍呢！您说呢？”

其实，这种分析利弊的方法通过描绘客户未来将享受的完美服务这样一种愿景来引导客户购买。这里销售员切记要将产品的好处说得吸引人一些。

第四章　消除异议
——巧妙化解客户的拒绝

实例34　炼就区分真假异议的火眼金睛

点·睛·提·示

在现实的销售中，你会遇到客户提出的各种异议。这些异议有真有假，这就需要销售员具备敏锐的洞察能力及良好的分析能力，正确辨别客户的真假异议，识别客户的真实想法。

有的销售员从来不考虑客户的异议是真是假，只要是客户提出的异议就全部解答，结果被客户的异议所困，上了客户的当。所以，当客户向我们提出异议时，我们要有意识地考虑一下异议是真的还是假的，他提出这个异议是出于什么目的，等等。如果是真实异议我们就要为他耐心解答，否则就要学会巧妙地避开这个异议。

那么，销售员该如何揭开客户伪装的面纱，判断异议的真假呢？推销大师乔·吉拉德的几个方法可供大家参考：

1. 假设法

就是假设异议已经解决了，客户会不会购买。比如，客户说："你们的产品没有很好的售后服务。”销售员可以说：“如果我们的售后服务令您满意的话，您是不是就决定购买了呢？”如果客户的回答是肯定，那么这个异议就是真实的异议。

2. 反问法

就是销售员来反问客户，让客户自己去解决自己提出的异议。比如，客户说：“你们的产品没有很好的售后服务。”销售员可以说：“如果目前的售后服务还不能满足您，那您能告诉我改进的方法吗？”如果客户提出了具体的要求，那么这个异议就是真实异议。

3. 转化法

就是把客户提出的异议转化成我们的一个卖点。比如，客户说：“你们的产品没有很好的售后服务。”销售员可以说：“您的担心是应该的，我们现在的售后服务确实不是很完善。但您要知道我们的客户投诉量是最少的，这就说明我们的质量是最有保证的。质量与售后服务您会选择哪一个？”

尽管客户提出的异议有时甚至让人无法接受，好像在故意刁难你，但是无论他们怎样说，总是会有真实的理由。这要看你如何通过提问，钓到深海中的“大鱼”了。

销售实训

在销售过程中，客户有异议是很常见的。然而，关键是销售员在识别了客户异议的真假后，要能充分发挥自己的个人能力，引导客户跟着自己的思路走，把异议处理好。

以下五种方法可供参考：

1. 提前进行巧妙的暗示

销售员在开始同客户会面时，就应留意向客户做些对商品的肯定暗示，从而使对方提不出异议。例如：

“夫人，您的家里如果装饰上我们公司的产品，那肯定会成为邻里当中最漂亮的房子！”

“本公司的储蓄型保险是您最好的投资机会，5 年后开始返还，您获得的红利正好可以支付您儿子的大学费用。”

做出诸如此类的暗示后，要给客户一些时间，以便这些暗示逐渐渗透到客户的潜意识里。

只要我们在销售一开始，就利用这个方法给客户一些积极的心理暗示，客户的态度就会随之变得积极起来。当我们稍后再试探客户的购买意愿时，他可能会再度想起那个暗示，并且会忘记这个暗示是来自于他人，甚至还会认为这是自己思考得来的。因此，积极的心理暗示可以帮助销售员避免客户那些节外生枝的异议的提出，直到与我们成交。

2. 引出客户的真心话

客户虽然提出一大堆看似关心产品的异议，但真正的想法可能是“我听腻了你那一套说辞，反正我又不打算买，随便敷衍一下，使一下缓兵之计”。在这种情况下，销售员倘若信以为真就不好办了，这时，销售员要试着引出客户的真心话。比如可以直接询问客户：“您提出异议是不是因为贵公司最近资金比较紧张，对于购买这些设备存在一定的压力呢？”“您还有什么其他问题吗？提出来我们帮您解决。”“您对产品还有什么要求？”。当你这样向客户直接提问时，他们或许会说出真心话，了解了其中的原因，就有希望进一步去促成。

很多时候，客户提出的异议并不是很明确，你很难做出正确的判断。这时，如果直接提问就显得太鲁莽，最好采用间接提问的方式，循循善诱地引导客户说出真实的异议，比如“我们是不是还有什么考虑不周到的地方”。

3. 笑而不答法

有些客户的异议没有明显的动机，也许只是习惯或者是发泄，这时，我们只要面带笑容点头同意或装傻就好了。特别是对一些大型企业的销售，客户的内部关系错综复杂，销售员说话稍有不慎，就容易节外生枝，所以销售员要格外小心。

4. 借力法

以其人之道还治其人之身，将客户的异议转变为说服客户购买的理由，迅速地陈述带给客户的利益，以引起客户的注意。

一位工业设备销售员对客户的高价异议是如此做出反应的：“这正是我认为您要购买的理由。”

客户的注意力被拉了回来："你的意思是？"

"您只要多付出10%的价格，就可以提高20%的效率，这不正是您所需要的吗？"

5. 第三方证明法

客户在有关产品性能和技术指标方面提出异议时，如果销售人员的回答还不足以使客户信服，可以采用第三方证明法。如：国家权威机构的检测报告、已使用此产品的客户名单和联系方法或者邀请客户到工厂实地考察等。

总之，销售人员要学会随机应变，做到在具体的情境中，灵活运用这些应对方法来面对不同类型的异议，满足客户的需求，从而使我们转败为胜，提升成交概率。

实例35 化解拒绝柳暗花明

点·睛·提·示

作为一个销售员要有面对一而再、再而三地被拒绝的勇气。

销售时遭到拒绝是常有的事，而且客户的拒绝是有很多原因的，这对于销售员就像被泼了一盆冷水。但这一切并不是客户的错，因为许多原因都不是销售员或者客户能够改变的。面对拒绝，销售员应该怎么办？是丧失勇气吗？是兴致跑得无影无踪吗？销售的意志会被击垮吗？或者它只会激起你更大的决心？拒绝能使你奋起直面反对意见，鼓起你的勇气，还是使你偃旗息鼓？有一个成功的生意人说：在他漫长的商业生涯中，他所取得的每一次成功都是努力打拼的结果。他认为，通过拼搏达到成功，克服障碍，给他带来了无穷的快乐，因为难事可以检验他的力量和能力。许多脸皮薄、心理素质弱的销售员在遭受客户的拒绝之后，往往就会心灰意冷，当时就泄气了，无法把谈话继续下去。让客户说“不”是不幸的，但是不能把人击垮。记住：这是对销售能力的一次考验，如果你坚守阵地，不露惧色，别人的拒绝就会使你本性中最优秀的一面显露出来，因为有一句话说：困境出英雄。

销售员在遭受拒绝的时候，应当怎么办呢？关键是要分清真假拒绝。

客户拒绝的理由是多种多样的，口头上相同的特征就是不想购买，以各种理由加以拒绝，但好多理由并不是客户内心的真实意图，所以，应对这类客户，首先要认识到客户所说的理由是否真实，分清哪些是真正的拒绝，哪些是“借口”式的拒绝。

1. 真正的拒绝

真正的拒绝是真实存在而几乎无法跨越过去的困难，是无法用简单的方式化解掉的。例如：

（1）真的没钱。没有购买能力当然谈不上购买了。

（2）确实不需要这种产品。这种情况下，想要避免被拒绝，几乎是没有希望的。可以马上转移到客户感兴趣的别的方面上去，力求挽留，继续推荐。

（3）有钱，但不想花在这上面。比如客户虽然胖一些，但他根本不想减肥，谁也拿他没辙。

（4）没有决定购买的权力，必须得到其他人的同意才能购买。这类客户不能做主。

（5）他可以在别处买到更便宜的东西。比如他去平价药房买药，而不是去零售药店。

（6）他脑袋里有更中意的同类产品，但不告诉你。萝卜白菜各有所爱，不能勉强的。

（7）他有朋友、熟人、关系户在销售和你一样的产品。关系固若金汤，销售员多说无益。

（8）不想更换交易伙伴。已经合作默契，轻车熟路好办事，无需多费口舌、再去磨合了。

2.“借口”式的拒绝

除了真正的拒绝，还有一种“借口”式的拒绝，就是客户心里对商品还是有兴趣的，可是说出的话却是拒绝的语言。这是人的一种本能反应，大多数的人对改变都会产生抵抗。例如从目前使用的 A 品牌转成 B 品牌，从目前可用的所得中，拿出一部分购买未来的保障等，都是要让您的客户改变目前的状况。而拒绝改变是人的习惯性使然。就是说客户往往对新事物、新方法有某种自然的抵触，或者想对商品的性能更多了解一些，或者对商品已很了解，但购买的决心不是很大，因此宁可采用拒绝的方式来维持现状。所以，在销售交谈的过程中，销售员要清楚地了解客户拒绝的真正原因在哪里。一般来说，“借口”式拒绝的原因在以下几方面，而这都是可以化解的：

（1）情绪处于低潮。当客户情绪正处于低潮时，没有心情进行商谈，容易提出异议。

（2）没有意愿。客户的意愿没有被激发出来，没有什么能引起他的注意及兴趣。

（3）客户的需要不能充分被满足，因而无法认同销售员提供的商品。

（4）客户预算不足而对价格产生拒绝心理。

销售实训

在面对客户的“借口”式拒绝时，优秀的销售员会采取相应的技巧化解这些拒绝，变不利为有利。

1. 没有需要型

销售员：“这款DVD是最新的款式，带逐行扫描，而且有色差输出，更重要的是它有很强的纠错功能……”

客户：“哦，我家有VCD，凑合着还能用，目前还不需要DVD。”

分析：世界上任何需求都是创造出来的。在没有电扇、空调的时候，人们大热天里只能用扇子扇风。因为有了扇子就没有对电扇和空调的需求了吗？不是的。销售员的首要任务就是把这样的需求强化，让客户强烈地意识到自己对这方面的需求，无力拒绝商品对他的诱惑。

应对办法：销售员可以用边聊天边询问的办法将客户的兴趣提升起来，如下面的对话：

销售员：“哦，是这样，那您肯定喜欢看影碟了？”

客户："嗯。"

销售员："我想您这样喜欢看影碟的话，肯定看过不少大片，我们现在放的《拯救大兵瑞恩》，您看用 DVD 放出的画质多好，另外，像这段（播放影片开始部分，海滩登陆时的枪战场面），子弹射出的声音仿佛就在身边。这是运用了杜比 AC-3 技术，使您有身临其境的感觉。"

客户："嗯，是不错，VCD 就放不出来吗？"

销售员："是的，只有 DVD 才具有杜比 AC-3 的技术，也就是我们常说的 5.1 声道。看 DVD 碟不光是声音，画质方面和 VCD 比较也有很大的提高，像这款 DVD……"

注意："没有需求"型的人很多并不是真正没有需求，只是出于本能的防范心理，不愿意被销售员缠住。但是你如果提出他感兴趣的事情，他也愿意和你交流。这时候要及时把握好客户关心和在意的焦点，让自己有机会在和客户沟通的过程中，掌握好客户的真正需求所在。使用渐进的询问，先保证在确认客户有需求的基础上，给出能满足客户需求的一种办法。有的时候不妨坦诚地请教客户"没有需求"的真实情况，站在客户的立场，提出客户可以接受的方案，以争取最后的成交。

2. 没有钱（或者钱不够）

（1）客户甲："抱歉，我没有钱！"

（2）客户乙："东西好是好，就是太贵了。我的预算可没有这么高啊！"

分析：一般来说，人都有看有多少钱再决定花多少钱的习惯，所以如果客户反复了解商品又自称没钱，有可能是想要压价，也有可能是目前钱不凑手。解决的办法主要是要摸清他的真实底细，要多站在客户的角度想想，毕竟掏出钱来买东西的人是客户。

应对办法：

（1）对"没有钱"的客户：销售员可以婉转地进行劝导，跟他讲明利益，使客户觉得你是站在他的立场上为他谋划，把眼前的支出看得很值得，化解拒绝的心理。如可以这样应对客户甲：

"先生，我知道只有你才最了解自己的财务状况。不过，现在有个全盘规划，对将来才会最有利！"或者说："我了解。要什么有什么的人毕竟不多，正因如此，现在开始选一种方法，用最少的资金创造最大的利润，这不是对未来的最好保障吗？”

（2）对“钱不够”的客户：可以打打哈哈，开开玩笑，也可以适当恭维，还可以切实帮助他解决难题。如应对客户乙：

销售员：“打算买车的都是有钱的人，您都说没有钱，我们这车卖给谁去啊？”

客户乙：“呵呵，不要这样说，这车我是很喜欢，但价格确实贵了点哦。”

销售员：“这点，其实我们公司也有考虑，我们可以为您提供多种付款方式，配合您的经济情况，绝对让您付得没有压力，相当轻松。您看在我们专卖店有 ×× 银行的按揭代办点，买我们的车是可以分期付款的。”

客户乙：“是吗？你带我过去看看，帮我好好咨询一下。其实我早就想买这款车了，呵呵……”

注意：每个人的经济情况只有他自己最清楚，但是还是可以根据其穿着、神态等外在的表现进行初步判断。实在无法判断，就干脆放轻松点，调侃一下，开开玩笑。俗话讲“巴掌不扇笑脸人”，客户一般也会报以一笑，心情好的话很可能说出实情，如果客户确实没有购买意图的话，大多也不会在意。

3. 没时间

例如，客户说：“哦，今天没时间了，下次吧。”

分析：现在的生活节奏很快，有的人的时间分分秒秒都是宝贵的，所以漫谈和过细过繁的解说是很令人厌烦的，要快刀斩乱麻似的处理问题。

应对办法：应对这样的客户，常见的客套话能省则省，单刀直入，直奔主题而去。如果能在开始的前三分钟引起他的兴趣，就还有希望。有时客户确实没有时间，再啰唆会引起他的反感，明智的选择是给客户资料和联系方式，告诉他有时间一定看一看。

销售员可以说：“我理解。我也老是时间不够用。不过只要 3 分钟，你就会相信，这是个对你绝对重要……”或者说：“先生，美国富豪洛克菲勒说过，每月花一天时间在钱上好好盘算，要比整整 30 天都工作来得重要！了解它只要花 3 分钟时间。”

注意：说话一定要有准备而且简短，对客户的可能回答都事前做出假设，在最短的时间内回应他的问题。同时正因为他“没有时间”，所以讲话务求一击中的，专门挑他最可能感兴趣的话题。最好事前把与之相关的人和项目情况有个初步的了解。兵家讲“不打无准备之仗”，事前知己知彼方可增加这短时间一击的分量。

4. “一棍子打死一片”

例如，客户说：“同类的产品我用过不少，没有一个令我满意的，我不相信你们的产品能好到哪儿去。”

分析：这样的客户很难对付，人都是“一朝被蛇咬，十年怕井绳”，一旦产生了思维定式，改变很难。面对这样的客户，消极的回答（如：“我们没有听过这样的情况啊？”“其他的客户没有反映啊？”“不会这样吧？”等）只会引起客户的反感，因为这样讲无异于在怀疑他的人品。正确的应对是：首先要弄清楚事情的原委，再针对客户最关心的、最怀疑的地方提出解决办法。学会做个认真的倾听者，做客户的知心顾问，这样才可能赢回客户的信任。

应对办法：当客户要求的服务你无法提供，化解又有何意义呢？不过，作为销售员，即使在这样的情况下，也需要做一些尝试，因为这是你的工作需要。大多数情况下，客户的需要可以分为多个方面，在了解客户的需求之后，分析客户的需求哪一方面是重点，哪些方面相对次要。在此基础上，考察自己的产品和服务能否满足主要的需求，如果可以，那么就想方设法说服客户逐本弃末；如果恰好相反，就要诚实地告诉客户，我们能够提供怎样的产品和方案，我们不能满足客户的哪种需求，从而建立诚信的印象。

5. “考虑考虑”

例如，客户说：“我还得再考虑考虑。”

分析：这句话表明客户已经有了较明显的购买意图，但如果销售员出于礼貌说“那您就再考虑考虑”，最后“考虑”的结果一般是眼睁睁看着客户在隔壁的柜台买了竞争对手的产品扬长而去，这种情况最让销售员感到沮丧了。

应对办法：面对这类客户，一定要当机立断，直接询问他到底还有什么疑问，如果有疑问，则马上针对客户的问题拿出解决办法；即使没有解决办法，也要说明你的产品与同类产品相比的优点和服务方面的优势，让客户在以后的选择中会着重考虑你的产品。

注意：不要让客户的拒绝阻碍你想要销售的思维，销售员应练就快速反应和应对的能力，在销售的整个过程中，要时刻保持紧绷的神经，尽量使客户对商品保持比较强烈的需求感，直到做出购买的决定。

6. 永远嫌贵

例如，客户说："我对产品本身很满意，就是太贵了，要知道 ×× 公司的同类产品就比你们的便宜不少呢。这样吧，把价格再降 30%，我们可以考虑。"

分析：在销售过程中，价格的问题总是很敏感。许多销售总是因为在价格方面双方讨论不出结果，最终不能成功交易。但随着这些年生活水平的提高，客户对产品的质量是越来越重视了。所以从这个角度来看，抱怨产品贵肯定只是表面现象。自古就有"一分钱一分货"之说，客户之所以这么讲，肯定是认为你的产品不值这么多钱，这个仅仅是他心理的评估。显然，如果不能充分认识到你的产品能给他带来的价值，他当然有理由认为你的产品根本不值这个价钱，永远嫌贵那就是很自然的事情了。

应对办法：一般来说，商品在价格方面回旋的余地很小。对这样的客户，和他就价格做反复讨论是最不明智的，要知道，他一旦认了死理无论你出什么价，他都会觉得贵。就价格论价格只会形成死结，而且他可以利用你急于成交的心理不断压价，销售员将会处于很不利的地位。正确的应对方式是给客户更多他自己也认同的利益。所以，最常采用的方式就是举起 TCO（Total Cost of Ownership，总体拥有成本，即产品整体的购买成本、技术成本、维护成本和使用成本的统称。它体现出商家为用户着想的原则，在质量、价格、使用成本、维护成本等方面为客户着想。简单地说，就是让消费者买到价格适宜、简单实用、易于维护并有良好的售后保障的产品。从专业角度来讲，这些要求其实就是 TCO）的大旗，虽然是老生常谈，但这的确是一个有效的办法。例如，销售员可以这样说："根据性价比，我们的产品价格并不比同类的高，而且我们推出的服务是别人无法相比的。我相信您一定希望我们给您百分之百的服务，难道您希望我们给的服务也打折吗？"

另外的办法就是使客户感受到拥有某个品牌的骄傲。比如客户说："你们卖得太贵了！"那么销售员的解释可以是："这个牌子的机器确实比其他的牌子贵一些，但是这家公司在本地就有授权的维修中心和配件中心，3 年的免费维修，报修当天就可以完成维修工作，所以在使用的过程中，肯定不会耽误你的工作，更不会给你造成损失。而我们公司也会在这个过程中随叫随到，还将提供给你很多免费的服务和培训，这些都可以降低你购买之后的维护成本。"

注意：有一个原则性的技巧，那就是不要告诉客户他的理解不对，这会使客户从心里感到不满。因为没有人喜欢别人说自己错了，即使他真的错了。

以上可以说是销售员被客户拒绝的几种典型情况，作为一个销售员要有面对一而再、再而三的拒绝的勇气，不要影响工作情绪，要保持自信，沉着冷静，机智灵活地处理事情，把不利的因素化解开，甚至使之成为有利的因素，为自己的销售加码。如果销售员无法克服客户的抗拒及反对，那么他在销售的过程中就会被彻底地击溃。

实例36　将反对意见转化为独特卖点

点·睛·提·示

在销售的过程当中，反对意见是一种非常重要的步骤，如果没有反对的意见，就没有接纳或承诺。

乔·吉拉德认为，客户提出反对意见并不可怕，他说：“我甚至假设，让我碰最多钉子的客户，将来会变成我的重要客户。在我看来，这些客户并没有拒绝购买的意思，一旦你做完销售展示后，他们很有可能会购买。因此，他们会强烈地提出反对意见，以免销售员看穿他们的内心。基于这点，我知道做完销售展示之后，他们就会无法拒绝我，我也能轻易地完成一笔生意。”

其实，客户的反对意见一般有两种情况：一个是客户的借口，一个是客户真正的困难。不管是哪一种，只要推销员能像乔·吉拉德那样，将客户反对意见转化为独特的卖点，就能化危机为转机，进而成为“商机”。

客户：“我没钱。”

推销员：“是的，王先生，我正是考虑到您没有钱才向您介绍保险的。我相信一个人一辈子没有钱是件很痛苦的事情。投保是使您晚年不受没钱之苦的有力法宝。”

客户：“我已经有同样的东西，不想再找新厂商了！”

推销员：“依您这么说，您是觉得这种产品不错嘛！那您为什么不选择我们呢？我们公司可以提供您更优厚的运转资金条件，节省下来的资金费用正好可以付每个月的维修费用，每个月维修等于是免费的呢！”

客户：“我现在没钱，以后再说吧。”

推销员：“听您这么说，意思是这套产品是您真正想要的东西，而且价格也是可以接受的，只是没有钱。我想说的是既然是迟早要用的东西，为什么不早点买，早买可以早受益。而且，世界上从来就没有钱的问题，只有意愿的问题，只要决定要，您就一定可以解决钱的问题。”

客户：“价格太高了。”

推销员：“依您这么说，我了解到您一定对产品的品质是相当满意的，对产品的包装也没有什么异议，您心里一定也想拥有这套产品。既然对品质、包装、功效这些重要的事情上是满意的，就没有必要在乎价格的高低，有些时候，价格真的不那么重要。”

客户：“我现在不需要，需要的时候再找你吧。”

推销员：“谢谢您对我的信任。听您的意思是说，现在不需要，以后肯定需要。那就是说您对产品的各个方面都是相当满意的，是吧？既然以后肯定需要，为何不现在买呢？我很难保证以后您可以这么低廉的价格买到品质这么好的产品。”

……

总之，客户的反对意见具有双重属性，它既是交易的障碍，同时又是很好的交易契机。推销员倘若能坚持不懈，不断探求客户的异议点，就能够使客户在事实面前认可你的产品，也就能够及时将客户的反对意见转化成独特的销售卖点。

销售实训

将客户的反对意见转化为独特卖点是一种更积极也更高明的销售技巧。在使用这种技巧时，推销员首先需要明确：与客户进行胜负辩论毫无意义。推销员与客户之间的关系如同镜子的反射原理。推销员以何种态度对待客户，客户也会以相应的态度来对待推销员。因此，推销员在与客户沟通时需要记住：不要伤害客户的尊严。

很多客户在购买商品时，会提出款式过时的反对意见。针对款式过时的异议，推销员可以从价格方面或者产品特点方面来化解。如：

（1）推销员："哪里过时了！"

（2）推销员："这是我们去年的库存。"

（3）推销员："是的，所以我才要跟你说，现在买最划算……"

（4）推销员："是的，它跟去年有些相似，只是这真的是今年的款，因为差别不大，所以你没看出来，它的特点是……"

上面推销员的四种回答中，"哪里过时了"是直接地反驳客户，潜台词是客户没有一点常识，会让客户感觉很不受尊重；"这是我们去年的库存"意味着产品是因为没有销售出去，所以打折促销，无形中降低了产品的价值；"是的，所以我才要跟您说，现在买最划算……"是积极地化异议为卖点；"是的，它跟去年有些相似，只是这真的是今年的款，因为差别不大，所以你没看出来，它的特点是……"将话题引到产品的特点上，推销员可以顺着客户的话锋继续强调卖点。利用客户提出的异议，继续强化购买欲望是最积极的处理方式。

推销员切记，客户有多种选择权利。因此，在处理反对问题时，推销员不能伤害客户的尊严。

实例 37 先发制人，占据主动地位

点·睛·提·示

销售人员若想在与客户打交道的过程中先发制人，占据主动地位，可以运用预防法。这是一种争取主动的最好方法。

销售员在销售的过程中，比如在销售面谈阶段，在销售说明阶段，在客户还没有提出某些异议前，可以有意识地把客户的异议和问题先提出来，并给予恰当的答复，就会将客户的异议消除在萌芽状态。

一个销售水床的销售员，无意中发现客户最关心的就是水床是否会漏水的问题。知道这个问题之后，这名销售员在进行产品展示时就说："有人担心我们的床垫会漏水。其实，这种担心完全是多余的，因为我们床垫用的是高级的热密封胶。而且，里头还有一层优质衬垫，装得下床垫里全部的水。因此，即使床垫漏的话，你也根本不必担心会把地板搞脏。"如此一说，既消除了客户心中的疑虑，又缩短了销售的过程，提高了销售效率。

利用这种方法的主要特点是在客户尚未提出问题之前，自己婉转地说明问题。运用此方法首先要求销售员必须在和客户接触前准备充分，知道客户大概会提出什么问题。这些问题该怎么回答，销售员应该心中有数。其次，销售员应看准时机，提出问题，解释问题，而且解释要让客户感觉自然合理。

销售实训

自己提出异议，然后给予解释与反驳，这种方法在实际运用中有一定的难度，销售员若想占据主动，就必须注意以下问题：

1. 科学预测客户可能提出的异议

销售员必须做好充分的准备，在进行市场调查与总结经验的基础上，在对客户进行了全面了解的前提下，科学预测客户可能提出的异议，然后做好解决的准备。

2. 不要提客户没有意识到的无关异议

客户没有意识到或是压根没有想到抑或根本不怎么在意的异议，你最好不要抢先提出来并把它作为讨论的焦点，否则对自己不利。

3. 要注意说话语气和用词

在提出和解决问题时，销售员万一语气和用词不当就会有咄咄逼人之势，会使客户感到心理压力加大而无法忍受。如果客户因此而在心理上筑起抵触的防线，成交将变得更没有希望。这就要求销售员在运用此法时要讲究措辞及说话的技巧，不可将客户作为批评与反驳的对象。

实例38　双向托底，让客户无法拒绝

点·睛·提·示

在销售时，有些客户是在考察销售员，他们想知道销售员将在本次交易中获利多少。这时在利润问题上给客户一个交代，告之“你赚了多少，我赚了多少”，也可以促进销售的成功。

销售员使用“双向托底”技巧，可以让客户感觉到你们在平等地分享成交的好处，从而让其心甘情愿地购买产品。下面来看一个销售实例：

销售员：“张经理吗？我是王可，家具地板城的。您想起来了吧？您到我们这儿来过好几次了。”

客户：“噢，想起来了，你说吧，什么事？”

销售员：“是这样的，通过前几次和您的接触，我感觉您一定是一位正直的人，我想请您帮个忙……”

客户：“什么忙？”

销售员：“那我就直说了吧。像我们这种高级地板，您也看了我们专卖‘丰木’这个牌子。到现在我这个月就卖了两笔，共卖了36平，挣点钱仅仅够交门市费的。老板虽然没怪我不会卖东西，可整天给脸色看。我自己也想，没帮老板挣到钱，心里也不好受。”

客户：“是啊，现在生意难做，都下岗，装修有几家用得起‘丰木’这种牌子的？”

销售员：“我觉得您可能有消费的实力，所以才冒昧打这个电话请您帮忙。”

客户：“我还没想好……”（明显能够感觉到客户虽然在拒绝，但因为自己的消费能力被别人认可而变得话语轻快起来。）

销售员：“您别急，我知道您在犹豫什么，您一定是嫌贵。不过我已经想好了，与其在这里饿死，不如和您交个朋友。我卖地板，中间和老板也有一个提成。我这提成也不要了，您就当帮我一个忙，您就在我这里买，我卖出点东西心里也踏实。您看行吧？”

客户：“好吧。”

这里，销售员使用的就是“双向托底”的技巧，这个技巧的好处是既向客户回答“你得到多少，我赚了多少”这个问题，又使客户无法说“不”。其实，客户在销售员进行“双向托底”的过程中也在“掂量”销售员话语的“含金量”，所以好的销售员在这个问题上会给客户一个好的交代。因此，在你游说时要熟知于心，一方面是客户可以赚得的实际好处，包括利润与追加服务等；同时，你也要留心回答客户的另一个问题："你给了我这些，而你赚到了多少？"

客户："嗯，这个价格其实也很高，跟你说，我买了这么贵的地板，还真有点心疼。180块一平方米，你说呢？"

销售员："张经理，您要是再这么压价我可只好把自己的600元工资贴给您了。您就当帮帮我，这都快到月底了，您要下个月来，我可能就不在这了……"

客户："嗯，不过，我得跟我爱人商量啊，明天给你信儿好不好？"

销售员："没问题！您是要50平方米是吧？我一定给您挑好的留下来。"

客户："好吧！那我明天下午去你们店面吧。"

销售员："好嘞！不见不散。"

销售员在这次谈判中就很好地运用了"双向托底"的技巧，先是用生意难做和自己的捉襟见肘来赢取客户的同情心，然后明确告诉准客户：愿意把自己赢得的那一部分利润"让利"给客户，目的只有一个：交个朋友，赢得一个回头客。当客户意识到自己既能拿到更便宜的货，又做了顺水人情，他何乐而不为呢？

销售实训

有些客户购买产品，并不只是看重了产品的服务和价格，还有可能是由于对销售员特别欣赏的原因。如果产品在以后出现了什么问题，客户首先找的不是公司，而是销售员本人。实施"双向托底"技巧，会让客户更感到你是一个实在人，跟实在人打交道他们感觉放心。在向客户"双向托底"的过程中，如何让客户感受到你的实在？这里介绍三个技巧：

1. 告知成本

告知成本技巧就是说，你需要为客户准备一个新的账本，把每个项目的具体成本都详细列出，在向客户介绍产品时，暗示客户："我这是和你关系好，在向你透露公司的成本，你已经狠赚了一笔！"

2. 告知生产过程

告知客户产品的生产过程就是让客户了解到与产品有关的生产流程上的一

些信息，这也是“双向托底”的一种。这样客户会感到其实销售商也“赚不了多少”，这样，客户的心理就会感到一些平衡。

3. 告知客户自己的付出

委婉地向客户透露其实“做销售也是很辛苦的”，同样可以虏获客户的同情心或称同理心。不过运用这个技巧有两个忌讳：如果自己的收入稳定、提成颇丰，不能流露出沾沾自喜洋洋得意的神情；如果自己是销售新人，不能在客户面前流露出待遇太低很不愿意做销售的落魄神情。

实例 39 请教式对话，让客户说不出借口

点·睛·提·示

很多客户都有好为人师的习惯，如果销售员通过向客户请教的方式激发其表现欲，他就会很快视你为知己、同道中人。于是，他对你的信任将增强。

一般来说，每个人都有好为人师的心理，总希望自己的见地比别人高明，以显示能力胜人一筹，尤其是高傲自大的人更是如此。对于这样的客户，不妨采取向客户请教的方法，一方面满足其虚荣心，另一方面引导客户说出你想要的结论，而让他根本说不出什么拒绝的借口。

下面我们来看一位汽车销售员是如何通过请教式谈话，让客户不知不觉地签下订单的：

迈克尔是一位汽车销售员，他带着一位苏格兰客户看过一辆又一辆的车，但对方总是不满意，不是这不适合，就是那不好用，或者是价格太高。于是这位销售员向拿破仑·希尔求助。拿破仑·希尔告诉他，停止向那位苏格兰客户推销，

不必告诉他怎么做而应让他觉得出主意的人是他，从而使其自动购买。这个建议听起来相当不错。因此，几天之后，当有位客户希望把他的旧车卖掉再换一辆新车的时候，迈克尔就开始尝试这个新的方法。他知道，这辆旧车对这位苏格兰客户可能很有吸引力，于是，他打电话给这位苏格兰客户，问他能否过来一下，特别帮个忙，提供一点建议。

苏格兰客户来了之后，迈克尔说："你是个很精明的买主，懂得汽车的价值，能不能请你看看这部车，试试它的性能，然后告诉我这部车应该出价多少才合算？"这位客户的脸上泛起大大的笑容，终于有人来向他请教了，他的能力已受到赏识。他把车开上皇后大道，从牙买加区一直开到佛洛里斯特山，然后又开回来。"如果你能以300元买下这部车，"他建议说，"那你就买对了。"

"如果我能以这个价钱把它买下，你是否愿意买它？"迈克尔问道。

300元？果然，这是他的主意，他的估价，这笔生意立刻成交了。

上例中销售员就是通过请教的方法，极大地满足了客户自尊心，赢得了他的好感，从而推销了商品。

销售实训

在运用这个技巧的时候，销售员要把握住以下几点注意事项：

1. 以谦虚的姿态向客户请教

面对讨厌推销的客户，销售员拜访时就不要与其谈论推销，而要和客户交朋友、聊天或向他请教问题。毕竟好为人师是人的天性，客户也不例外。所以当销售人员提出要请教问题时，客户往往不会拒绝，而会非常乐意讲解。

请教可以是产品经营方面的问题，也可以是人品修养、个人情趣等方面的问题，但不论请教什么方面的问题，销售人员都应谦虚诚恳，多听少说；要有请教在前、推销在后的意识。

2. 请教的问题要能引申到销售主题上

请教或者请求帮忙的开场白一定要能将客户最终引导到促成销售的主题上，如何衔接得巧妙，则需要销售人员在平时的工作中多多积累经验，最终做到游刃有余。

实例 40　间接否定，应对客户异议

点·睛·提·示

销售人员根据有关事实和理由对客户借口表达同情、理解，或者仅仅是简单地重复客户的借口，使客户心理暂时得到平衡，然后再用转折词，如“但是”、“不过”等，把话一转，并用有关事实和理由间接否定客户的借口。

间接否定客户的方法比较委婉，不伤和气，因而使用得更为广泛。例如：

客户：“不行，这个价格太高了。”

销售员：“先生，您说得是，许多人都这么认为，但是，我们这种产品比其同类产品多了三个功能，您看……”（随即给客户演示。）

利用间接否定法应对客户的借口，有以下几种优点：

1. 能够保持良好的人际关系和销售气氛

使用该方法不是直接否定客户，而是先肯定客户的观点，然后再进行间接否定，既满足了客户被尊重的需求，能使客户在心理上获得暂时的平衡，又可以缓和洽谈的气氛，避免客户产生抵触心理而采取不合作的态度。

2. 有利于销售人员将销售活动进行下去

销售员采用这种方法可以给自己留下一定的余地，认真分析客户借口的根源和性质，制订具体的处理方案和策略，然后再主动进攻，否定客户借口，促成交易。

销售实训

使用间接否定法应注意以下两个方面的问题：

1. 尽量做到语气委婉，转折自然

使用间接否定法，应该在不同的情况下使用不同的转折语气和不同的转折方式，既要否定客户的借口，又不能冒犯客户。尽量做到语气委婉，转折自然有度，用“但是”、“不过”、“然而”、“可是”之类的转折词，恰当地表达否定的态度，在友好的气氛里否定客户所提出的有关借口。例如，销售员可以使用下面的语言：

“先生，您的看法具有一定的道理，但是我认为……”

“是啊，通常情况下是这样的，可在这种特殊的情况下……”

“小姐，您的看法和我一样，但是，您是否也认为这种式样具有一些新的特色？”

2. 应体现对客户的真诚和尊重

在销售活动中，销售员要表现出对客户的真诚与尊重。销售人员运用间接否认法还必须注意在自己表示同意，在理解客户拒绝时，一定要通过表情、丰富的语言表达出来，然后再以较低的姿态，用请教的方式，向客户表述自己的看法。千万不可给客户一种虚情假意、公式化的错觉。

在应对客户的借口时，间接否认法是使用最广泛的方法之一，尤其对那些以直截了当的方式提出拒绝的客户，使用间接否定法来应付他们会更为有效。

实例 41　以长补短，处理客户异议

点·睛·提·示

销售员在承认客户的借口具有合理性的基础上，说明其产品的其他优点，以优点抵消或补偿缺点，以产品的其他利益来补偿客户的一种应对客户借口的处理方法。

以长补短法是销售员将自家产品的质量、价格、特性等与竞争产品相比较，从而突出自家产品的优势来处理客户借口的方法。

例如，在客户提出某一借口时，销售员可以这样答复："您说得很有道理，这是此类产品的通病，目前国内还没有哪家企业能够彻底解决这个问题。但是，我们的产品与其他同类产品相比，在这方面是做得最好的。"销售员运用优势对比法时需要注意，一定要选择该产品可比性较强的优势，如果这一优势能带给客户更大的利益和好处，就会让客户觉得选购这种产品对他们来说是再合适不过的。

客户："这个皮包的设计、颜色非常棒，令人耳目一新，可惜皮料的质量不是顶好的。"

销售员："您真是好眼力，这个皮料的确不是最好的，若选用最好的皮料，价格恐怕要高出现在的五成以上。"

一般来说，当客户提出的借口有事实依据时，销售员应该承认并欣然接受。要记住，您要给客户一些产品优势的补偿，让他取得心理的平衡，要让客户拥有一种产品的价格与售价一致的感觉。此时若强力否认事实不是明智之举，也就是说让客户产生两种感觉才是销售员要做到的。

产品的优点对客户是重要的，产品没有缺点对客户而言是较不重要的。世界上没有一样十全十美的产品，若有，也会遭到价格过高的抱怨。客户购买产品，当然要求产品的优点越多越好，但真正影响客户购买与否的关键点其实不多。因此，当客户理智地提出一些有效的、真实的借口时，销售员能客观地对待，给予客户适当利益补偿，再通过说理与解释，让客户在看到产品短处的同时能看到产品的长处，而且能令客户相信其产品的长处大于短处，优点多于缺点，那么，客户会更加高兴购买销售员的产品。补偿法能帮助销售员进一步把产品的优势展现出来，从而能更好地实现销售。

以长补短法是一种比较理想的方法。其优点在于以下三个方面：

（1）承认客户的借口，并不作间接的否定，这一做法能够给人一个实事求是的印象，有利于增强客户对销售人员的信任感。

（2）以长补短法通过销售员提示和分析其产品的优点，可以抵消产品的不足之处，这样容易使客户得到心理平衡，客户充分认识产品的价值后，就会采取购买行动。

（3）销售人员坦白承认产品的某些不足，可以为以后的销售服务特别是客户抱怨，留有回旋余地。因为销售员已有言在先，并未向客户隐瞒什么，而购买决定又是客户自己做的。

销售实训

由于以长补短法需要首先承认与肯定客户的借口而销售员又不能及时地解决，因此，以长补短法可能会产生某种负效应，导致客户失去购买信心。如果销售员滥用以长补短法，不加区别地肯定客户提出的异议，可能会导致客户误会，使原本无效的借口演变成有效借口，这样也许会使客户坚持其心理活动倾向。甚至会使客户提出更多的借口，从而使交易变得更加困难。根据客户的心理可知：如果销售员不能够令客户认识到虽然购买了一个有异议的产品，但在利益上能得到补偿的话，客户就不会购买销售员的产品。

因此，销售员在行销过程中，要在适合的时候运用这种方法，同时还要注意其优点和不足。

实例 42　旁敲侧击，消除客户异议

点·睛·提·示

旁敲侧击，其实质就是“先言他物，以引起所咏之词”。

客户拒绝销售员的情况各种各样，方法也不尽相同。有时候，销售员对于客户提出的某些借口，从正面辩答解决效果往往不是很好。这是因为一是辩答既很费时间又很费气力，二是正面交锋容易造成买卖双方的紧张与对立关系。这种情况下，聪明的销售员会使用旁敲侧击的方法去处理。

下面我们举一个实例，看看旁敲侧击法是如何使用的。

1939 年 10 月 11 日，美国经济学家、总统罗斯福的私人顾问亚历山大·萨克斯受爱因斯坦的委托，在白宫同罗斯福进行了一次具有历史意义的会谈。萨克斯的目的是说服总统重视原子弹研究，抢在纳粹德国前面制造出原子弹。他先向罗斯福面呈了爱因斯坦的长信，继而又读了科学家们关于核裂变的备忘录。

但总统听不懂深奥的科学论述，反应冷淡。总统说：“这些都很有趣，但政府现在干预此事还为时过早。”萨克斯讲得口干舌燥，只好告辞。罗斯福为了表示歉意，请他第二天共进早餐。

萨克斯的劝说失败了。鉴于事态的重大，未能说服罗斯福的萨克斯整夜在公园里徘徊，苦思冥想说服总统的良策。

第二天，萨克斯与罗斯福共进早餐。萨克斯尚未开口，总统就以守为攻说：“今天不许再谈爱因斯坦的信，一句也不许说，明白了吗？”

“我想谈谈历史。”萨克斯说，“英法战争期间，拿破仑在欧洲大陆上正耀武扬威，不可一世，但在海上作战却屡战屡败。一位美国发明家罗伯特·富尔顿向他建议，把法国战舰上的桅杆砍掉，撤去风帆，装上蒸汽机，把木板换成钢板。”

萨克斯很悠闲地拿起了一片面包并涂抹果酱，罗斯福也知道他在吊自己的胃口，问：“后来呢？”

“后来，拿破仑嘲笑了富尔顿一番：‘军舰不用帆？靠你发明的蒸汽机？哈哈，简直是开玩笑！’可怜的年轻人被轰了出去。拿破仑认为船没有帆不可能航行，木板换成钢板船就会沉。”萨克斯开始用深沉的目光注视着总统，“历史学家们在评论这段历史时认为，如果拿破仑采纳了富尔顿的建议，那么，19世纪的历史就得重写。”

罗斯福沉思了几分钟，然后取出一瓶拿破仑时代的白兰地，斟满，把酒杯递给萨克斯：“你胜利了！”

萨克斯采取旁敲侧击的策略，以前车之鉴说服了罗斯福。旁敲侧击策略是指在谈判过程中，当客户提出异议而使谈判无法进行下去时，销售员通过巧妙地转换议题，运用一语双关、侧面点拨、类比警告、幽默提醒、话里有话等语言和行为技巧，使客户自觉意识到对方实际要传达的真实意图，最终达到说服客户的目的。

销售实训

避免冲突、迂回取胜是该策略的显著特点。一般而言销售谈判必须在合情合理、双方自愿的前提下达成协议。所以，在与对方沟通产生分歧时，使用旁敲侧击策略能够避免不同观点的正面冲突，在尽量减少摩擦的情况下把信息传达给对方。

另外，旁敲侧击策略也可用在非正式的场外交谈中，比如无拘无束地唠家常、聊爱好。这样，言下之意，就是愿意与对方友好合作。也可能通过营造与对方生活习惯、爱好、兴趣相一致的谈判氛围，借以传达真诚的合作意图。

在使用旁敲侧击策略消除客户异议时，倘若对方置若罔闻，无所反应，甚至避而不谈，要有足够的心理准备，避免产生失落感。

实例 43　小心谨慎，处理客户过激的异议

点·睛·提·示

销售领域中客户就是上帝。无论客户脾气多么暴躁，如果在购买或者使用产品时产生过激异议，责任都在销售员。所以想要成为一名好的销售员，应多从自身找问题，从客户角度考虑问题，给客户最周到的服务和最满意的答复。

过激的异议是在推销过程中经常碰到的，它是客户把一个异议问题加重和强化的表现，通常由脾气暴躁的客户提出，或者是别有用心的客户有意提出。过激的异议是必须解决的，如果不能解决，不但会失去这一个客户，还会影响其他人的购买选择。但在处理过激异议时，销售员首先不能被这种异议的攻势所吓倒，不要表现出紧张和不知所措的样子，不要因此而愤怒，或有其他的情绪表示。面对这样的情况，销售员要予以理解和同情，并慎重处理，否则一味与客户争吵只会使事情更加糟糕。

客户："给我退货吧，你们卖的是什么产品，简直是在害人！"

销售员："小姐，您在使用过程中遇到什么问题了吗？"

客户："问题，你看看你们的产品把我的脸毁的。赶紧给我退货！"（摘掉墨镜）

销售员："真是对不起，本来您来买我们的产品是想护肤，却给您带来了麻烦。请问您使用的是哪个系列的产品呢？"

客户："你自己看吧。"（从挎包里拿出一瓶化妆品）

销售员："请问小姐是如何使用的呢？"

客户：“当然是直接用在脸上了，还能怎么用，别啰唆了，快给我退货吧。”

销售员：“在涂抹这款面霜之前使用了别的化妆品吗？比如其他品牌的化妆水或者乳液之类的。”

客户：“用过啊，谁涂面霜之前不用紧肤水啊？别说了，你赶快给我退货吧！”

销售员：“您的皮肤看起来比较干，对化妆品中的各种物质可能都会相对敏感一些。如果您使用的紧肤水和面霜品牌不同，可能就会有过敏反应。”

客户：“怎么可能？和用法有什么关系吗？”

销售员进一步向客户耐心解释。

IBM 的一位副总裁曾经说：“销售工作并不是要征服客户，而是要赢得与对方的合作。”聪明的销售员只会尽力说服客户与自己合作，而不是去争辩谁对谁错，这样既能保住公司名誉，又不会损害与客户之间的关系。

销售实训

在处理过激异议时，销售员要立刻做出反应，拖的时间越长、反应越慢，越不容易控制局势，这是对销售员的一个严峻的挑战。

1. 认真倾听

当客户表现出异议时，有些销售员总是希望可以通过解释消除异议，但是结果往往不尽如人意。因为这时客户只想宣泄自己的不满，销售员过多的辩解只会让他们更加反感。

所以，当客户在表达异议时，销售员一定要多倾听，从客户那里多获得一些信息，等客户的情绪渐渐平静下来，再采取适当的解决办法。

2. 理清思路

当客户宣泄完自己的不满后，销售员要多多思考，理清思路。可以从以下几个方面判断：

（1）客户提出异议的动机是什么？

（2）客户提出的异议是真是假？

（3）客户异议的关键在哪里？

（4）这种异议实际的重要程度如何？

这样判断以后，销售员就可以更准确地对待过激异议。

有的时候，客户的异议是过激的，但直接原因是客户当时心情不好，刚和老婆吵了一架，或者刚被领导批评过。在这种情况下，客户提出的异议本身只是小问题，销售员要想控制局面，就不能和客户争执，而是想办法引导客户冷静下来。

3. 不能直接反驳客户

客户提出过激异议时，本来就已经表现出了不满，如果销售员对客户的异议再进行直接反驳，很可能进一步激怒客户，甚至令其大动干戈。在销售工作中，销售员大多是处于主动的，销售局面如何变化，都掌握在销售员手中。所以在客户提出过激异议时，销售员就要善于根据形势与客户沟通。当客户的异议无关紧要时，销售员完全可以接受；如果客户的异议针对服务或是产品，销售员就可以使用先肯定后否定的方式，先肯定客户的观点，再寻找机会阐述自己的看法。例如："您说的的确没有错，不过……"这样一来，销售员既表达了自己的观点，又不会驳了客户的面子。

4. 注意遣词造句

在销售工作中，销售员大部分时间都在运用语言与客户打交道，掌握良好的语言技巧是销售员获取工作成功的必备条件。因此每一个销售员都应该掌握一定的语言艺术，利用它为自己的工作服务。良好的态度和具有逻辑性的语言，是销售员开展推销工作的两大法宝。不论客户提出的异议多么过激，销售员都要时刻抱有诚恳的态度，使用平和的语调与其对话，并注意遣词造句，使客户听起来感到舒心、顺心。这样就能最大限度地缓和销售气氛，保证销售工作的顺利进行。

实例 44　适度沉默，让客户反思异议

点·睛·提·示

某些时候，沉默比什么话都有效。沉默就是力量，滔滔不绝、口若悬河并不是沟通的全部。立足现实，以异乎寻常的方法反其道而行，往往会成为谈判桌上的最大赢家。

当客户提出不合理的要求，或者在你请求签订单之后出现了一会儿沉默的话，不要以为自己有义务说点什么。相反，你要给客户足够的时间去思考和作决定，绝不要贸然打断他们的思路。

有的推销员脑子里存在一种错误的想法，他们以为沉默意味着缺陷。然而，恰当的长时间沉默不仅是允许的，而且也是受客户欢迎的，因为他们会感到放松，不至于因为有人催促而做出草率的决定。

推销过程中的沉默使人们想起打电话时被告之“请稍候”时的感觉。时间仿佛已经停滞，度日如年。在面对面的推销中，沉默通常令人感到压抑，很自然地会让人产生打破沉默的念头。

如果推销员先开口的话，就有失去交易的危险。所以，在客户开口之前一定要保持沉默。虽然沉默有时几乎会使人发疯，但无论如何，你必须严格约束自己，保持沉默。

很多推销员都不能忍受沉默的压力，把短短的 30 秒钟视为很长的时间。他们因不能等待而犯下了愚蠢的错误，致使准客户改变其可能购买的决定。

如果客户想考虑一下，那么就给他时间去思考，这总比他告诉你“你稍候再来，我想考虑一下”要好得多。别忘了，当他保持沉默时，就是他在为你思考了。对于客户而言，他承受沉默的压力比你所承受的还大得多，所以极少有客户

会含蓄地犹豫超过2分钟。

原一平讲过一则趣事：原一平："我曾访问过一个战争国家的出租汽车司机，这位司机坚决认为我绝对没机会去向他推销人寿保险。当时，他肯见我只是因为我有部放映机可放彩色有声影片——而这正是他从没见过的。"

这则影片是介绍人寿保险的，并在结尾时提了一个结束性的问题："它将为你及你的家人做些什么？"放完影片，大家都静悄悄地坐着不语。3分钟后，这位出租车司机心中经过一番交战，转向原一平，并说："现在还能参加这种保险吗？"结果，他签了1万元的人寿保险契约。

销售实训

沉默用到妙处，也是一种谈判武器，这种武器因在不同环境中使用，功效也就不同。推销员在刚刚接触到客户时必须迅速打开局面，这时当然不能沉默。但在介绍产品时就要适当地减少语言，尽量用事实说话；同时要不时地引发客户参与进来。经过一段时间的交流，不少自我信息和产品信息已经输入给客户了，如果前一阶段的工作顺利，那么现在应该拿出点时间来倾听客户的意见。如果客户属于内向型或沉默型的，你要做的也只是就其兴趣集中点进行引导。一旦他们开口，你要认真倾听，如有必要还可以做做笔记。

在做完了产品介绍与示范后不妨停止说话而开始聆听。这时沉默是高明的，总体来说它起到两大作用：让客户有说话机会，无形中强迫客户讲话。这样客户就或多或少地会谈到对产品的看法。

在对方讲话过程中千万不可以随意打断，最好时常和对方进行眼神的交流，同时要在合适的时机点头示意。对于客户所提异议一定要耐心回答，对于准备不充分或确实不了解的问题不要回避，要敢于承认"自己不了解"，但一定要注意这类情况不要过多，否则就会使客户对你产生不信任。对客户错误的或于己不利的异议，如果这种异议并不重要，那么你最好将其置于一边，保持沉默，切记不能正面纠正。如果客户的错误太严重，以致影响了他对产品或公司的看法，那么你就要运用你的智慧委婉地予以纠正。冲动是推销员的大忌，一定要设法约束自己，不与客户发生争论，尤其是正面的交锋最要不得。

保持沉默还有一个重要作用，那就是给自己一个缓冲的机会，整理一下思路，反省一下前一阶段的工作。如有漏洞或过失则应在下一阶段进行弥补。整个推销过程推销员应该能控制节奏，做到有张有弛，不要喋喋不休，那样容易使对方感到厌倦和疲劳，适时的沉默一定会有助于你成功。

第五章　趁热打铁
——促成交易的语言技巧

实例 45　小点成交法

点·睛·提·示

小点成交法利用了客户的成交心理活动规律，避免直接提出客户比较敏感的重大的成交问题，而先向客户提出比较小的次要的成交问题，由小到大，由小攻大。

小点成交就是逐渐由小到大，由小攻大，由小求大，先小点成交，再大点成交，最后促成客户做出购买决策。

房屋销售人员向客户销售山清水秀的乡村别墅，客户以一时无法筹措全部资金为理由欲拒绝购买时，销售人员可以说："付款不是大问题，我们可以帮助您办理个人购房抵押贷款，当然您也可以采用分期付款方式，这是两种办法的具体内容，请您看一下。"

待客户阅读有关内容后，销售人员继续说："怎么样？付款不是问题了吧？我们是否可以签合同了？"

你向对方提出大的要求，对方拒绝你的可能性会大一些，如果你把大的要求划分为小的要求，这些小的要求对方就有可能会接受，在对方接受你小的要求之后，你再提出一个小的要求对方可能也会接受……这些小要求加起来不就是一个大的要求吗？

小点成交中所谓的小点问题一般是指有关诸如产品包装、运输、交货日期和保修条件等一些相对次要或易取得一致意见的问题；所谓成交重点问题是指购买决策的重大问题，即成交本身的问题。

因此，小点成交就是先就成交活动的具体条件达成协议，再就成交活动本身达成协议，采取的是循序渐进、迂回进攻的策略促成交易。例如："王经理，这个价钱也算公平吧，关于设备安装和维修问题也由我们负责，您尽管放心使用，如果没有别的问题，我们就这样定了吧。"

这里，销售员没有直接提及购买决策本身的问题，而是先提示价格、设备安装及维修之类的次要问题并取得经理的认同，慢慢诱导经理做出购买决定，同时主动提出成交请求。

销售实训

1. 小点成交法的使用时机

（1）当客户不愿直接涉及决策的重大问题，只对成交的某些具体问题产生兴趣时。

（2）当销售员看准成交信号，购买决策的关键只在于某一小点，或款式，或颜色，或交货时间，或付款方式等时。

（3）当销售员未发现任何成交信号，需做出能够避免冷遇或反感的成交尝试时。

（4）当成交气氛比较紧张，客户的成交心理压力太大，交易无法直接促成时。

（5）当客户对某些特殊品的购买决定只依据某一特定的小点问题时。

2. 小点成交法的优点

（1）可以减轻客户的成交心理压力。

（2）有利于销售员主动尝试成交，保留一定的成交余地。

（3）有利于销售员合理利用各种成交信号，有效地促成交易。

3. 注意事项

（1）不能忘记最终的交易。

（2）要避免弄巧成拙，把客户看成傻瓜是非常愚蠢的。

（3）要做良好的设计，包括回答下面的一些问题：如何围绕主题来设计成交的“小点”内容和要素？这些点的前后顺序如何安排？怎样围绕主题展开？过程如何把握？

（4）“小点”问题或者交易要素要是客户关心的问题，也是客户容易接受的要素或者问题。

（5）注意在销售过程中对客户的影响和引导。

最后我们再次强调：小点成交是一种有效的突破。

实例 46　鲍威尔成交法

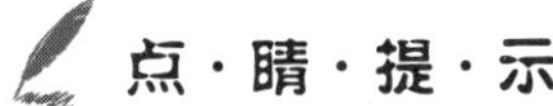

鲍威尔成交法是指销售过程中遇到客户对我们的产品满意，但又犹豫不决的时候，就要想办法刺激、帮助客户下决心。

美国国务卿鲍威尔说过：“拖延一项决定比做错误决定浪费更多美国人民、企业、政府的金钱和时间。”所以，面对拖沓的客户，我们销售员要做的就是帮助客户下定决心，替我们的客户节省他们自己的时间和金钱。

一位客户在挑选汽车，在销售员的举荐下，已经做出了购买决定。谁知就要准备成交时，这位客户却又开始犹豫了。

销售员："王先生，我们都谈了这么多次了，您要是没什么问题，要不我们就把它定下来吧。"

客户："我还想再考虑一下。"

销售员："的确，买车可是一笔不小的投资，确实应该深思熟虑后再做决定。我们再来看看您要是买了这辆车能获得什么好处吧，也许这对您做决定能有点帮助。"客户没有表示，销售员继续说："您看，要是您现在定下来，马上就可以把车开回去了。我敢说，您的家人和朋友要是看到了您这辆新车，他们一定会称赞您有眼光，买了这样一部车。要是您告诉他们这辆车只花了18.3万的话，他们一定会羡慕您，这么气派的一辆车竟然还不到20万就买下了，真是超值！如果再看到车里的真皮座椅、桃木装饰的仪表板这些高档车才有的配饰，他们一定会更羡慕您的。您看，第一次购车就选中了这么一款性价比超值的车，您干吗还让它停在这里啊！赶紧开回去才是呢！您说我说的对吗？"

客户："嗯，真是这样吗？这辆车真的这么超值？"

销售员："您就算不相信我，也得相信您自己吧！现在只要签了合同，这么好的车就归您了，您还等什么？"

客户："嗯，好吧，现在就签。"

上述案例中，销售员的聪明之处在于当他发现客户对本来已经决定了的事情产生疑虑时，并没有促使客户赶快决策（因为担心加重客户的怀疑），而是通过描绘客户买车后的美好蓝图和赞美客户的眼光来坚定客户的决心，帮助他做出决策。

我们在销售中经常会遇到这样一种情况，客户已经有购买意向，双方谈判也已经接近尾声，也就是在即将成交之际，客户却犹豫不决，不肯下决定，总是对产品有疑虑、不放心。对于这些犹豫不决的客户，销售员如果不能正确地处理和解决，不仅白白浪费了口舌，而且还很可能就此造成客户的流失。

其实，对于这类性格比较犹豫的客户，销售员必须主导整个推销过程。这类客户的潜意识里面需要别人替他们做出购买决定，他们总是需要听取别人的意见而自己却不敢拿什么主意做出决定。遇到这种情况时，销售员千万不要不敢为你的客户做决定，你要明白，你的决定可能就是你的客户的购买行为。

销售实训

犹豫不决的客户，常常会使你在他们身上花很多时间。但是你必须认清一点，那就是——即便谈不成生意，责任也不在客户身上。如何有针对性地帮助犹豫型的客户马上做决定，这里给出一点建议：

1. 适当加以指导

年轻人一般缺乏判断力，需要有人从旁鼓励，帮助他做决断。当你要诱导这些客户时，可以采用指导的方法，一一指点说明。这也是你必须学习的一面。

2. 不要指出客户“笨”

客户犹豫，也许是因为他对产品还不十分了解，因此，不能完全相信你。对此，如果你当面指出客户的“笨”，当然是不易被他接受的。

3. 试探客户是否懂行

为了了解客户到底懂多少，可以用一小部分专门问题来问他。例如问：“电线回路不好，到底是什么原因呢？”或者问：“为什么扩音器越多发出的声音越好？”如果客户能够很流利地回答这些问题，当然显示他懂得不少，你可以照他懂的程度来介绍产品。

如果客户的回答是：“嗯！这个嘛！意思就是……就是……总而言之，它的性能很不错。”

像这种答案，无论是谁听起来，都知道对方的知识有限。你需要对产品性能再进行一番解说，等客户心中的疑虑解除后再帮客户下决心。

实例 47　激将成交法

点·睛·提·示

激将成交法，指销售员采用一定的语言技巧刺激客户的自尊心，使客户在逆反心理作用下完成交易行为的成交技巧。

激将法是与那些感情容易激动的客户成交的最佳方法。在一次对销售员的随机调查中，一些销售员表示，他们眼中的“理想客户”是这样的：对销售员持以热情欢迎的态度；对产品优势大加赞赏，不挑剔产品的不足；在最短时间内做出购买决定，而且是一次性支付现金；在购买产品之后不再提出任何抱怨；下次有需求时会主动购买；介绍熟人前来购买……遇到如此“善解人意”和“热情大方”的客户自然是销售员的“幸运”，但这仅仅是幸运而已，况且这种幸运几乎是不可能发生的。

现实情况是，有时销售员遇到的客户不仅连“理想客户”的个别条件都达不到，而且还处处与自己作对，这不禁令销售员叫苦不迭。

为什么有些客户会处处故意与销售员作对呢？这并非无理取闹，而是他们当时正处于逆反情绪当中，或者他们性格中的逆反因子比较多。对于这类客户，销售员不妨用适度的话去刺激客户的自尊心，让他产生购买欲。

在某友谊商店里，一对外商夫妇对一只标价 8 万元的翡翠戒指很感兴趣。销售员做了些介绍后说：某国总统夫人也曾对它爱不释手，只因价钱太贵，没买。这对夫妇听了此言，欣然买下。

客户的购买动机不尽相同：有讲究实惠的，有追求奇特的，还有出于炫耀、斗胜的。显然，在销售员的刺激下，这对夫妇最终购买了推销品以此表明自己比总统夫人更阔气。“请将不如激将”，对于那些逆反情绪强烈的客户，采用一定的言语技巧刺激他们的自尊心，使客户在逆反心理作用下反其道而行之，更有利于节约推销时间，提高推销效率。

激将成交法仅适用于特殊的客户，不可广泛使用。巧言激将，一定要根据不同的交谈对象，采用不同的激将方法，才能收到满意的效果。如果激错了对象，反而会置我方于“死地”，或使事情向更坏的方向发展。

销售实训

激将成交法是一种特殊的处理客户借口的方法，运用此法时应注意以下三个方面：

1. 销售员应充分了解客户

（1）洽谈前先用询问法，从客户的言谈中分析对方。

（2）多交朋友，从朋友那儿了解客户的情况。

（3）了解客户以前与别人洽谈时的性格。

（4）不可直接询问客户的性格缺点，应寻找他的弱点。

2. 激将要抓时机

这就要求销售员出言不宜过早，也不宜过迟，否则会变成“马后炮”。等时机成熟时，再用激将法。

3. 激将要有分寸

做事一定要注意火候，过犹不及，激将掌握好分寸就是要求销售员不能使用不痛不痒的语言，言辞也不要过于尖刻。

激将成交法一方面利用了客户的自尊心和逆反心理，只要销售员运用得当，往往能消除客户借口使其马上购买。另一方面，这种方法也有较明显的局限，即在使用时会因时机、语言、方式等的微小变化而导致客户的不满、愤怒，以致危及整个销售工作的进行，所以使用时须谨慎。

实例 48　从众成交法

点·睛·提·示

从众成交法也叫排队成交法，是指销售员利用客户的从众心理，促使客户立即购买商品的一种方法。

社会心理学研究表明，从众行为是一种普遍的社会心理现象。长期的社会规范、有形或无形的团体压力以及人类自身的成长要求，都是形成从众心理的主要原因。

客户在购买产品时，不仅会考虑自身的需要，还会顾及社会规范，服从社会的某种压力，并以大多数人的行为作为自己行为的参照。

一天，一个多月前来过的客户——商业公司的刘总又来了，小关高兴极了，他清楚地记得刘总中意的是一款尼桑车，他之所以没买，是因为嫌价格太高。

刘总："我上回看中的那辆尼桑，还停在那里，没有谁付定金吧？"

小关："哦，那个车啊，很多客户来了都要看上几眼，好车嘛，但一般人哪买得起，这不，它正等着刘总您呢。"小关微笑着说道。

小关取来钥匙，打开车门，说："刘总，这么好的车，您应该亲自驾驶一下，只有这样才能感受到它所带给您的稳重感和飘逸感。"

试了车，刘总对车更加满意了，只是还觉得价格太高。

刘总说："这车确实不错，你看这价格上能否再优惠些，或者我是否有必要换一辆价格低点儿的？"

小关知道，换车只是刘总讨价还价的潜台词。

小关马上接口说："价格是高了点儿，但物有所值，它确实不同一般，刘总

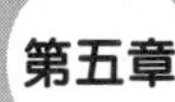

您可是做大生意的人，开上它，多做成两笔生意，不就成了嘛。”

小关接着说：“对了，刘总，×× 公司的林总您认识吗？上周他也在这买了一辆和这款一模一样的车，你们可真是英雄所见略同呀。”

“哦，林总？他买的也是这款车？”刘总眼前一亮。

“是真的，林总挑的是黑色，刘总您看您要哪种颜色？”

“哦，就那个红色吧，看起来很有活力。”刘总拍了拍车，就这样决定了。

从众成交法正是利用了人们对榜样和名人的这种从众心理，促成客户迅速做出购买决策。需要注意的是，使用从众成交法时出示的有关文件、数据必须真实可信，采用的各种方式必须以事实为依据，不能凭空捏造、欺骗客户。否则，受从众效应的影响，不但不能促成成交工作，反而会影响店铺信誉，破坏整个销售工作。

销售实训

稍加用心，你可能就会注意到客户最常用的一句话就是：“大家都在用这个，所以我也就买这个了！”凑热闹和随波逐流的从众心理是人性的弱点。如果销售员能够抓住这点，告诉客户“大家都在用这个”，肯定会得到不同的效果。一般而言，从众成交法的话术有以下几种：

销售员：“很多人都买了这一款产品，反应很不错。”

销售员：“这种冷热饮水器目前在一些大城市非常流行，特别适合于大公司的办公室使用。既方便、实用，又能增添办公室的豪华气派和现代感，与贵公司齐名的 ×× 公司、×× 公司等，办公室里都换上了这种饮水器。”

销售员：“买这种型号电冰箱的人挺多，我们平均每天要销出 50 多台，旺季时客户需要预订才能买到现货。”

销售员：“小姐，我公司服装式样新颖美观，价格也合理公道，作为一家沿海的中外合资企业，牌子也响当当的。您看，这件服装的款式就是今年最流行的一种，颜色也挺不错，穿在您身上再漂亮不过了。”

销售员：“胡先生，您认识赵经理对吧？他大约在 3 个月前来过我这儿，他对我们的产品非常满意，昨天又订购了一件。用他的话说：‘樱桃好坏，一尝便知。’所以，我想问您，要是赵经理对我们供应的产品不满意的话，他们会继续订购吗？”绝大多数客户都会回答“不会的”。这时候再接着说：“怎么样，可以考虑了吧？”

实例49　锐角成交法

点·睛·提·示

锐角成交法的实质其实就是借力使力，即借助客户提出的反对意见的力量，把这种力量转换为促进购买的理由，然后把这种力量再传达给消费者。

每一个拒绝销售员的客户，总能给出太多的理由。销售员如何应对这些理由和客户进行沟通，是决定销售能否深入进行的关键。所以，应对客户的反对意见是非常重要的。

反对意见有时可以转变成购买的理由，关键要看你的反应是否够机敏，是否可以把客户的反对意见灵活地转变为促进成交的因素。聪明的销售员不但不会被这些反对意见所困扰，反而会借助这些意见促成交易。

那么什么是锐角成交法？

就是在某些情况下，当客户提出具体的理由作为反对购买的意见时，销售员采用的方式就是巧妙地把客户提出来的各种反对意见转换成相应的购买理由。这种把反对意见转换为相应购买理由的方式，如同几何学中将一个锐角的任何一条边延伸就可以产生钝角一样，因此被人们形象地称为锐角成交法。

客户：“我没有用过这种产品，没有兴趣购买。”

销售员：“正因为您没有用过这类产品，所以才要尝试一下啊！您可以先试用一下，然后再买一小部分，回去后如果觉得效果不错的话，那您就不枉此次尝试了。况且，如果您不买的话，就永远不会知道这种产品的好处了。”

又如：

客户：“实在对不起，你也看到了，我现在的工作忙得一团糟，根本没有时间和你谈。”

销售员：“我知道您现在很忙，没有时间去了解产品的详细信息，所以我今天把您需要了解的这类产品信息进行了汇总和分类，这样您就可以对这类产品的信息一目了然了。”

客户：“既然这样，那就谢谢你了。”

销售员：“为您这样的成功人士提供最好的产品和服务是我们公司一贯的宗旨。我今天就是带着这样的服务宗旨来您这里的，如果您今天决定购买，以后就不用花时间去做这件事情了。”

锐角成交法是要在客户提出的反对意见中寻找突破口。在运用这种策略时，销售员要注意在转换观点时，表现一定要自然，不要牵强附会硬把客户往成交的目的上拉，这样只会引起客户的不满。

因此，销售员一定要用周到的服务来打动客户，最终让客户在这种诚挚的态度面前打开心扉，从而促成销售工作进一步深入下去。

销售实训

运用锐角成交法应对客户的销售技巧：

1. 针对没有时间的客户

“我很忙，没有时间。”这句话是销售员经常听到的，也是客户拒绝销售员最好的理由。以“没有时间”为理由来拒绝销售员的客户多半是对具体的销售活动进行敷衍。现在很多销售员都有了应对这种异议的方法，只有缺乏经验和勇气的销售员才会在这个问题面前退缩。

面对这个问题时，销售员同样可以采用锐角成交法，将反对意见转换为促成成交的理由。

客户："对不起，我现在很忙，以后有时间我会与你联系的。"

销售员："实在不好意思，其实您现在只要抽出5分钟的时间就可以了，这5分钟的时间可以为您今后节省好多时间呢。我们这种产品正是专门针对工作忙、压力大的客户设计的，如果您购买了我们公司的产品，并且坚持每天正确使用，那么您的精神面貌就会焕然一新，工作效率也会大大提高。"

2. 针对"产品质量差"的客户

害怕"产品质量差"或"听说这种产品质量差"也是客户经常使用的拒绝理由之一。客户的这种疑虑多半是因为客户对产品或服务不了解引起的；还有一些客户是知道产品的具体问题的，他们提出这样的拒绝理由只是一种借口，希望以此来摆脱销售员。

无论客户是找借口推托还是不了解产品的真相，销售员都可以利用锐角成交法对这种理由进行灵活转换。

客户："我们与另外一家公司合作得很好，况且万一贵公司的产品质量或服务品质不如那一家怎么办？"

销售员："您说得对，正是因为贵公司以前一直用一家公司的产品，所以才没有机会比较好坏。如果您对我们公司有所了解的话，就会发现我们公司无论是在产品质量还是在服务方面都会让您更加放心。您看，这里有相关客户的服务信息，还有产品的质量保证，您还有什么不放心的呢？"

对于那些急于想摆脱销售员的客户，销售员可以先消除客户的反对意见，再挖掘出客户拒绝购买的真实意图。

3. 针对"没钱"的客户

面对"我没钱"或"这方面的预算不够"等一系列的理由，销售员可以通过多谈产品的价值，少谈价格，以商品的价值影响客户，从而使客户产生购买的欲望。面对这种拒绝，销售员同样可以根据实际情况对具体的反对理由进行相应的转换，使之成为促成交易的有利条件。

客户："你来得真不是时候，公司最近财政非常紧张，其他方面的资金都周转不过来，哪有这方面的预算呢？"

销售员："是啊，现在正是淡季，很多公司都在缩减财政预算，虽然暂时可以为公司节省资金，但可能会导致很多公司因为预算问题而耽误了原料的采购，等到旺季来了再采购，利润肯定不如现在的多。根据以往购买的经验，您肯定知道什么时候购买原材料最合适。现在的原材料价格不仅低，而且供货快。此外，我们也考虑到很多客户资金周转的问题，便进一步放宽了收款期限，收到原材料的同时，您只用支付30%的预付款就可以了。剩余的货款您可以分期支付，总之，只要在半年内结清就可以了。"

总之，客户提出对立的意见后，销售员不要紧张，更不用害怕，可以先想一想能否借助客户的反对意见促成成交。当然，把客户反对意见转换为促成理由时，一定要自然，态度诚恳，不能让客户感觉到你只是为了销售产品才这样做。否则，一旦客户识破了你的目的，就很难再说服客户了。

实例50　最后机会成交法

点·睛·提·示

最后机会成交法的实质是销售人员通过提示成交机会、限制成交内容和成交条件，利用机会心理效应，增强成交的紧迫感。"这种商品今天是最后一天降价"，"机不可失，时不再来"，往往在最后机会面前，人们会由犹豫变得果断。

最后机会成交法，又称机会成交法、限制成交法、无选择成交法或唯一成交法，是指销售人员直接向客户提示最后成交机会而促使客户立即购买的一种成交方法。这种方法的最大优点是促使客户立即购买的效果比较好。例如：

在某商店里，客户拿着衣服看了又看，犹豫了半天还下不了决心购买。这时销售员对她说："这个品牌的促销活动到今天结束，过了今天，您就拿不到这个优惠价格了。"客户于是毫不犹豫地掏出了钱包。

最后成交法的实质在于销售员通过提示最后成交机会，利用最后机会所产生的心理效应，增强成交的说服力。越是得不到、买不到的东西，人们就越想得到它、买到它，销售员可利用这种"怕买不到"的心理，来促成订单。

某销售员正在推销甲乙两套房子，而此时他想卖出甲房子，因此他在跟客户交谈时这样说："您看这两套房子怎么样，现在甲房子已经在前两天被人订购啦，要我替他留着，因此您还是看看乙房子吧，其实它也不错。"

客户当然两套房子都要看，而且销售员的话在客户心中留下了深刻的印象，产生了一种"甲房子已经被人订购，肯定不错"的感觉，他就觉得乙房子不如甲房子，最后，他带着几分遗憾走了。

过了几天，销售员带着热烈的表情高兴地找到此客户，告诉他："您现在可以买到甲房子了，您真是很幸运，正巧以前订购甲房子的客户资金一时周转不过来，我劝他不如暂缓购房，我那天看您对甲房子有意便特地给您留下来了。"

听到这里，客户当然很庆幸自己能有机会买到甲房子，现在自己想要的东西送上门来了，眼下不买，更待何时，因此，买卖甲房子的交易很快就达成了。

在这个例子中，销售员巧妙地掌握了客户怕买不到的心理，把客户的注意力吸引到甲房子上，又给他一个遗憾，甲房子已被订购，激起了他对甲房子更强的占有欲，最后很轻松地就让客户高高兴兴地买下了甲房子，真是令人叹服。

从心理学的角度讲，人们普遍对得不到的东西觉得稀罕，正所谓"物以稀为贵"。当人一旦觉得可能会失去某种东西时，这种原本在他看来并不重要的东西就变得很有价值。

推销中，只要使客户产生"最后一次"或"只有一次"的意识，就有可能使客户由犹豫变得果断从而成交。

销售实训

实际推销中，推销员可以采用以下话术：

“这是最后十件，要买趁早。”

“我们这个机器只剩下三台了，我们最后的优惠时间只有一周了……”

“我们的活动在今天下午 5：00 就结束了，对您来说可是一个很好的机会哟，还有最后三样特价，卖完为止，明天就会恢复原价，您还要犹豫吗？”

“由于钢材价格不断上涨，这种商品的出厂价已上涨 10%，我们是在涨价前进的货，所以售价不变，下一批货的价格肯定要上涨了。”

最后机会成交法能吸引客户的成交注意力，可以增强成交说服力，从而打动客户，利于成交。但是，使用这种方法应该注意，要讲究职业道德，实事求是，绝不可采用欺骗的手段来换取客户的购买。

实例 51　比较成交法

点·睛·提·示

每个销售员在销售过程中，都会不时碰到“别家的产品比你的产品便宜”之类的客户。这时，采用比较成交法，能有效地激发其购买欲，从而促成交易。

当销售员碰到客户说“别家的产品比你的产品便宜”时，无论他是什么态度，你用下面的成交法都能有效地激发他们的购买欲望，除非他们真的对你的产品和服务不感兴趣。

但如果你的客户真的不感兴趣，他也不会跟你在价格上纠缠来纠缠去。客户也许只不过想以较低的价格购买最好的产品和服务罢了。既然这样，你就跟他说：

“×× 先生，别家的价格可能真的比我们的价格低。在这个世界上我们都希望以最低的价格买到最高品质的商品。依我个人的了解，客户购买时通常都会注意三件事：一是产品的价格，二是产品的品质，三是产品的服务。我从未发现有任何一家公司可以以最低价格提供最高品质的产品和最好的服务，就好像奔驰汽车不可能卖到桑塔纳的价格，对吗？”

说完这句话后，你最好留下时间给你的客户做出反应。因为你说的是经济学中不折不扣的真理，你的客户几乎没有办法来反驳你，他只能说“是”。接下来，你对你的客户说：

“×× 先生，根据您多年的经验来看，以这个价格来购买我们的产品和服务，是一种很划算的交易条件，您说对吗？”

让你的客户做出回答，因为你的产品的品质和服务确实符合这样的价格，你的客户如果不是故意刁难，应该不会做出否定的回答。然后，你再继续问他：

“×× 先生，为了您长期的幸福，您愿意牺牲哪一项呢？您愿意牺牲产品的品质，还是我们公司良好的服务？

“×× 先生，价格对您真的那么重要吗？有时多投入一点来获得自己真正想要的产品，也是蛮值得的，您说是吗？

“事实上，大公司的低层采购人员都致力于从供应商那里尽量获得最低的价格。然而，有经验的采购人员都了解，低价位产品产生的问题往往比它能够解决的问题还要多。

“资深的采购人员，基于他们的经验，更在意获得最高品质的产品，远胜于那些低价位的产品。他们似乎都能因此为公司做出较好的决定。×× 先生，您说对吗？”

如果你的产品和服务真的够好，你只要将上面的语言记下来，并且说出去，你的订单就会增多。

销售实训

有这种“别家可能更便宜”心态的客户往往属于反复考虑型的客户，是销售员们经常遇到的客户类型。明明资料都已经给他看了，明明产品已经反复给他演示了，好像一切都朝着马上要成交的方向发展，但最后还是换回这样一句话，前面的努力似乎全部付之东流。

交易到了这样的关口，明明知道客户已经有了很明显的购买意图，但如果你仅仅出于礼貌说：“那就这样吧，您再考虑考虑。”最后，“考虑”的结果一般是几天后得到答复：“不好意思，我们已经选择了别家的产品。”或者眼睁睁看着客户在隔壁的柜台上买了竞争对手的产品扬长而去。那样子真能把人活活气死。真的一点办法都没有吗?

不，办法是马上回忆一下过去的演示过程或者先前的交流经历。按理讲在前面的销售过程中你已经和客户完成了互动，客户对你的产品肯定是有一定的了解，他之所以没有下定决心，一定是你还有某一点没有打动他，所以这时候必须当机立断，采取行动：

（1）直接询问他到底还有什么疑问。

（2）马上针对客户的问题拿出解决办法。

无论客户真的是认为你的产品比别家的贵，或者只是用这句话来跟你进行讨价还价，你都可以对客户说：“您是否觉得一分钱一分货很有道理？”这是买卖之间最伟大的真理，当你用这种方式做展示说明时，客户几乎都必须同意你所说的很正确。

客户：“我在别家的商店看到一模一样的提包只卖 25 元。”

销售员：“当然卖 25 元了，那是合成革的。皮件材料有真皮的，有合成革的，从表面看两者极为相像。您用手摸摸，自己再看看，比较一下，合成革提包哪能与真皮提包相提并论？”

在日常生活中，你付一分钱买一分货。不可能用很低的价格却买到很好的产品。每次你想省钱而去买便宜货时，都要慎重考虑。

你可以用这些话来结尾："在这个高度竞争的市场中，我们的产品价格是很公道的，我们可能没办法给您最低的价格，而且您也不见得想要这样，但是我们可以给您目前市场上这类产品中可能是最好的整体交易条件。"

实例 52　富兰克林成交法

富兰克林成交法又称理性分析成交法，就是鼓励客户通过对比购买理由和拒绝购买理由，从而做出购买与否的一种有用的方法。

客户："让我写这种东西干什么啊？我是绝对不会买的。"

推销员："您可以先把您认为不买的理由写到这边，这样您可以更清楚地了解自己不愿意购买的真实理由。写出来之后，您可以进一步明确这些理由，然后再做出决定，看是否真的决定放弃购买我们公司的产品。"

富兰克林成交法的基本做法是：在一张纸上画出两栏，呈"T"形，左边表示肯定，右边表示否定。即把购买某产品的一切好处按照轻重缓急进行排序写在左栏，将客户已经或可能感知到的不利点写在右栏，让客户看哪边理由充分而作决定。

这份利弊卡有两种写法，一是推销员与客户各写一份；二是推销员写肯定，客户写否定。这种做法便于客户进行利弊比较，说服力强。

叫富兰克林成交法，是因为最早是由美国富翁富兰克林发明创造的。富兰克林在创业过程中，当要做出重大决定时，他总是使用这种方法，通过客观冷静的分析，从而决定是否做这些事情。随着富兰克林本人在商业上的巨大成功，他这种作决定的方法被应用到更多的领域中，后来，这种方法被销售人员用于具体的销售活动当中，而且取得了非常显著的效果，因此这种方法就以他的名字命名。

这种方法对于人们进行任何决定都可以起到更积极的作用，在销售领域取得的成绩更为许多优秀销售人员创下的卓越业绩所证明。

运用这种方法，销售人员能够更有效地找出潜在客户在面临决定时真实的内心想法，而使用其他方法很难一下子掌握那么多丰富而真实的客户信息。一旦推销员知晓了客户的真实信息，就可以根据客户内心的具体想法展开相应的说服、介绍或推荐等销售活动了。

当然，在使用的过程中，推销员还应该借助其他方法。因为在实际的销售过程中，任何一种成交技巧都不是孤立的，优秀的推销员应能够根据具体情况将各种销售技巧灵活运用，相互配合。

销售实训

推销员使用这种方法的时候，需要注意以下几项内容：

1. 使用这种方法必须要得到客户的支持配合

有些推销员可能会说："如果我建议将不愿意的理由写下来，客户不愿意这样做，怎么办呢？"事实也正是如此，有许多客户并不愿意接受推销员对他们的安排，他们也不愿意花费时间和精力填写这些理由。

推销员："我在这张纸上画了一条线，请您把自己愿意和不愿意购买的理由分别写在这条线的两边，好吗？"

客户："哪有那么多理由？我没有时间和你谈这些东西，我根本就不想买这种产品。"

如果在一开始就遭到客户的拒绝，那么你根本就不会弄清客户愿意购买或不愿意购买的真实原因，销售活动自然无法继续展开。

因此，在使用这种方法之前，一定要说服客户与你配合，然后才能在此基础上引导客户逐步做出成交决定。

2. 诚恳地赢得客户的信任

推销员应该首先得到客户的信任，然后告诉客户，你愿意帮助他们分析，做出是否成交的决定对他们的实际利弊。

如果分析的结果是弊大于利，那你自然会为客户的利益着想；如果分析的结果是利大于弊，那么客户可以自己斟酌。

有些客户可能配合你填写，但他也许只会写出一些表面上的理由，而没有说出更多更重要的信息。这时，推销员需要积极引导客户，让客户表达出自己的真实想法。

在对客户进行积极引导的过程中，不要表现得过于急躁，同时态度要诚恳，要尽可能多地使用一些提示性的语言。例如：

“这是您拒绝的全部理由了吗？还有其他的理由没有？”

“您写的是不想购买，那么您愿意写出为什么不想购买吗？”

“您认为除了……之外，还有哪些问题呢？”

3. 与客户展开互动，共同分析

当客户把他们的支持理由和反对意见都写出来之后，推销员要针对客户提出的理由和意见进行具体深入的分析。这个时候，推销员必须注意，这个分析的过程，是推销员与客户互动沟通的过程。

进行分析的时候，推销员需要从客户的实际需求出发，同时强化客户购买的理由，逐步化解客户反对的意见。在分析的时候，多问客户几个“为什么”，很多时候，客户的拒绝理由他们自己也说不清楚，当他们不能解释时，这些理由就不攻自破了。

需要推销员注意的是，使用富兰克林成交法的时候，一定要态度诚恳地告诉客户你的目的是什么，得到客户的信任，而不要仅仅告诉客户你只是做一个所谓“调查问卷”或“测试”，那样做反而会引起客户的不快。

实例 53　骑虎难下式成交法

点·睛·提·示

人们生活在一个盘根错节的社会环境中，每个人都有错综复杂的人际关系，这些关系总是左右着他的行为。如果销售人员能够将客户的这种关系成功地加以利用，也就等于左右了客户的购买行为。

一位父亲带着他的女儿走进汽车经销店，为庆祝她的大学毕业，父亲决定送她一辆汽车做礼物。在挑选了良久之后，他们同时喜欢上了其中的一款，不过价格比较贵，父亲脸上闪现了一丝的犹豫。

乔·吉拉德见状，不动声色地说道："你知道吗？苏姗，你真是一位幸运的小姐！"

"这话怎样讲？乔·吉拉德先生？"

"因为你有一位值得骄傲的父亲。"乔·吉拉德用一种柔和而夸张的语气说，"在我年轻的时候，真希望也有一位这样的父亲！我想你应该感谢你父亲为你买了这么一辆漂亮的车！"

"是的，我很感激。"小姑娘说完，搂住她爸爸的脖子，在他脸上亲了一口："谢谢老爸！"父亲慈爱地摸了摸女儿的头，转身对乔·吉拉德说道："就买这辆了！"的确，要是这样都无法让那位父亲动心的话，乔·吉拉德真不知道该怎么办了。

一位寿险代理人曾经对乔·吉拉德和他的太太做过一次类似的推销。乔·吉拉德太太琼反对购买保险，因为费用太高。但是那位代理人却战胜了这种异议，做成了交易。他是这样说的："你们知道吗？我曾经听到很多妻子抱怨他们的丈夫在人寿保险上花了太多的钱。"然后他停顿了一会儿。看到乔·吉拉德太太点头表示同意，他又接着说："但是我从来没有听哪位寡妇这样抱怨过，吉拉德先生。"

听了这句话，乔·吉拉德不禁为之动容。随后，他又招呼乔·吉拉德的小儿子和小女儿说："喂，小朋友，我要你们把手里的作业停一会儿，上这儿来。"当他们走到餐桌旁之后，代理人说："你们知道吗？你们的爸爸很爱你们，他真是一个好父亲。"说完，他就开始一言不发地填写申请表。乔·吉拉德一家四口人眼里都涌动着泪花，彼此的爱意弥漫了整个房间。代理人显然掌握了控制权，他说："好啦，小朋友，该去做作业了。"乔·吉拉德太太再也没有说过一句反对的话，生意就这样成交了。

这种骑虎难下话术屡战屡胜的原因，就在于它委婉地将客户捧得高高的，使客户产生了自己是一个好父亲、好丈夫，明智的人等美好形象的想法；然后，将自己的商品与客户联系起来，使客户产生不买下商品，就不是好父亲、好丈夫，明智的人等想法，从而不得不买下商品。

销售实训

人是感性的动物，很多时候会感情冲动，说一些豪言壮语，做一些爽快的承诺。承诺就是责任，即使对方后来后悔了，但是如果背弃了自己的承诺，不但会受到别人的谴责，威信扫地，还要受自己良心的谴责。因此，权衡利弊，兑现承诺是最好的办法。所以，想要让客户成交，如果别的办法不奏效，不妨利用骑虎难下式成交法，激发客户对家人、朋友及其相关人员的关爱之情，进而让对方主动成交。

这种方法在应用过程中应该注意，要能够及时地抓住客户家人、朋友及其相关人员的心理。拉近感情，用关怀的方式打动客户，让客户与家人之间产生共鸣，从而获得客户心理上的认可和接受。

实例 54 假定式成交法

点·睛·提·示

假定式成交，就是让客户进入一种“已经做出购买决策”的情景，然后询问购买后的具体成交问题，以减轻客户购买决策的心理压力，以“暗度陈仓”的方式，自然过渡到实质的成交问题。

假定成交法是一种积极的、行之有效的方法，它自然跨越了敏感的成交决定环节，便于有效地促使客户做出决策，能够适当减轻客户决策的压力，有效地节省推销时间，提高推销效率。但是，如果使用的时机不当，会有碍客户的自由选择，会产生强加于人、自以为是的负效应，引起客户反感。

有人问乔·吉拉德什么时候使用假定式成交呢？乔·吉拉德的回答是：“当我站在一个即将听我做销售展示的温暖身躯前，我就假定自己会做成这笔生意。”

假定、假定、再假定不论多么啰唆厌烦，在整场销售展示中，乔·吉拉德会不断地假定已成交。你也可以这么做。但你应该先把销售展示做好。从开始接触客户到成交，你都要这样假定。

依照乔·吉拉德的看法，假定自己会成交的次数越多越好。不过，这个时机应该注意，不能像初入行的销售新手一样，到了要签约的时候才假定这笔交易会成功，如果到了这个时候再假定成交那就晚了，所以这一假设应该在一开始就进行。

在做每件事时，都要假定你的客户将要购买你的产品。在整个商谈过程中，你一遍遍地假定你会成交，客户也会开始假定他将要购买你的产品。有人将这种心理建设法称为“洗脑”，他们说得一点也不错。

当你不断假定那笔生意会成交，你所做的事就会以成交为目的。于是，你把一个信号传递到客户的潜意识里，驱使他们购买你的产品，因为客户的潜意识正挑选出“购买，去买”的讯息。

销售实训

在假定成交时，业务员可以运用一些话术。以下几则话术，各行各业的业务员都可以交替使用：

“我会直接把发票寄给你。”

“请把名字签在这里。”

“你同意后，请在这里签字，写用力一点。”

“我要恭喜你作了明智的决定。”

“我会把它当成礼物包起来给你。”

……

上面的话术要在客户同意买你的产品之前使用。它们十分好用。只要假定客户将要买你的产品即可。你不必去问客户：“你的发票要送到哪里？”或“你今天想预付些订金吗？”这类问题。

实例 55　趁热打铁成交法

客户想成交的心理有时通过言行举止会表露出来。优秀的销售员就要善于通过细致的观察，去发现和捕捉成交的信息，以便趁热打铁，最终促成购买。

打火机的原理是这样的：按动滑轮使火花擦出，并及时供应充足的燃气，火焰就产生了。有时按动滑轮后只见火花不断闪现但形不成火焰，原因是燃气不能及时供应点燃火花。

在销售中，我们可以将时机理解为：时机犹如那千分之一秒的火花闪现；抓住时机则是在那火花闪现的刹那间，及时提供充足的易燃物，使其形成熊熊大火。

例如，当销售员成功处理了客户的一项异议后，并且客户也表现出很满意时，是一个很好的促成交易决定的好时机。客户听完销售员讲解后如果这样回答："真像你说的那样就还不错啊！""原来是那样啊，你不说我还不清楚呢！"销售员这时就要抓住时机，帮客户下决心，如说："您看，我们的服务这么完善，您还犹豫什么呢？""像这么好的商品，您还不快点决定加入？"

销售的最终目的就是为了成交，而何时成交则要看时机，这就要依靠销售人员敏锐的洞察力。

辨识客户发出的成交讯号的方法如下：

1. 看客户是不是注意聆听你的介绍

客户的眼神如果随着你的说明正视你或是商品，代表客户对商品有兴趣，这便是购买的讯号。

2. 看客户是否不断地提出问题

如果客户不断地提出问题，表示客户对商品具有高度兴趣，这时销售员要针对问题给予专业性的解说，并随时做好成交的准备。

3. 细心留意客户的身体语言

销售员要时刻留意客户做出的动作，不能监看，而要礼貌性观察。当客户身体向前与你只有 30 ~ 50 厘米时，暗示他对你开始信赖，防卫心下降，安全感上升。当客户沉默不语，出现深思动作时，这是一个好消息，表示客户已经进入评估及考虑购买阶段，这时候千万不要打断他，而是静待他的提问。当客户出现皱眉头或变换姿势时，表示他在犹豫不决，这时候你的专业建议就可以派上用场。

4. 看客户是否在征求身边人的意见

客户询问身边人的意见，此时表示客户想买。但是这样的信号是喜讯也是警讯，因为第三者的态度往往具有指标性的影响力。这个时候，第三者的意见也要同时列入观察范围，如果客户和随行的人于过程中表现出愉快、幸福的气氛，那肯定是正向的购买信号。

5. 看看客户是不是提出相关要求

当客户讨价还价或要求促销赠品、要求更好的付款条件、更方便的付款方式时，表示其决定购买，这时可以促成销售。

销售实训

当客户发出成交信号后，销售员要把握住最佳时机，争取一锤定音，否则一旦错过良机，交易很可能会因此搁浅或失败。成交时机的出现是销售员前期努力的结果，所以当它一旦出现时，销售员要主动提出成交建议，因为客户即使很想要，也不会主动说："好，我决定了！"之类的，那样会显得太轻率或决定得太快，所以他们在最后总是犹犹豫豫地不敢下决心。销售员这时要主动地提出成交建议，不要害怕拒绝或不好意思。

在交流过程中，销售员一般最少要提出 4 次以上的成交建议，引导客户进行交易决定。若客户对销售员提出的成交请求没有理会或直接拒绝时，千万不要慌乱，应礼貌地通过询问来了解客户拒绝的原因，迅速恢复与客户的交流，避免陷入无话可说、僵持的气氛中。"您能告诉我您现在还不能做出决定的原因吗？""您现在还无法做出决定是因为还有哪方面我没有解释清楚吗？"这些询问都可以让交流继续进行下去。

实例 56　请求成交法

点·睛·提·示

请求成交法也叫直接成交法或直接请求成交法，销售员应该利用各种成交机会，积极提示，主动向客户提出成交要求，努力促成交易。

请求成交法一般是销售员在觉得时机成熟的情况下，直截了当地向客户提出交易请求或者购买建议。

刘先生："王小姐，这个课程的订购单您看一下，这套课程总价是2800元，如果您需要购买，请在这个订单上签好名字。"

王小姐："好的。"

案例中客户并没有反对的表示，就可以请求客户确认订单，让客户签名。这时销售员要立即递笔给客户，这是一个销售技巧，让客户快速做决定。

1. 请求式成交法的特点

（1）有效地促成交易。在销售过程中，会经常出现一些成交机会，但不能指望客户会主动提出成交，只能由销售员通过观察，寻找客户要求成交的讯号，由销售员主动提出成交要求。

（2）表达的意向清楚明白，不易让客户误解和拖延。

（3）若时机把握不当容易影响沟通的气氛。

（4）可能给客户造成一定的心理压力。

（5）当销售员判断客户的购买意向明确时，这种方法的效率是非常高的。因此，只要时机把握好，这种方法是非常有效的。

2. 请求式成交法的适用情境

（1）购买方是关系密切的老客户。

（2）客户的购买意向明显。

（3）当面对内向或者被动型的客户时。

（4）客户对于产品和企业的了解达到一定的程度时。

销售实训

销售员与销售商交谈过程中若出现以下两种情况时可以直接果断地向用户提出成交请求：

1. 商谈中用户未提出异议

如果商谈中客户只是询问了产品的各种性能和服务方法，销售员都一一作了回答后，对方也表示满意，但没有明确提出购买要求，这时可以认为客户心理上已认可了产品，销售员应适时主动向客户提出成交。

2. 客户的担心被消除之后

商谈过程中，客户对商品表现出很大的兴趣，并且没有任何疑虑，这时就可以迅速提出成交请求。

需注意的是：请求成交不是强求成交，也不是乞求成交，使用时要做到神态自然坦诚，语言从容，语速不快不慢，充满自信。但不能自以为是，要见机行事。

实例 57　让步成交法

点·睛·提·示

给予客户适当优惠，就是以让步获取成交。

让步成交法，即销售人员通过提供优惠的条件促使客户立即购买的一种方法。

让步成交法是对客户的一种让步，主要是满足客户的求利心理动机，求利心理动机是促成交易的一种动力。求利的购买动机在客户中普遍存在，而让步成交法正是利用了这一心理特点，抓住客户可能存在的对价格、运费、折扣、让利、赠品、免费保修等交易条件方面种种好处的渴求，诱使客户做出购买决定。

让步成交的条件主要是价格折扣，也有销售员向客户提供回扣和佣金的，在这个问题上，应弄清楚合法与非法的界限。

例如，某一客户对某一辆汽车非常喜欢，但迟迟下不了购买的决心，这时候汽车销售员可以说："我看您真的很喜欢这辆车，买下吧，我给您打九折，通常我们不打折或只打九五折。"

如果想增强对客户的刺激程度，诱导性更强烈，可以把让步成交法与机会成交法结合起来运用。优惠的机会“千载难逢”，特别是当未来预期对客户不利时，客户会有一种紧迫感，谁都希望搭上最后的“末班车”，这对达成交易将更为有利。

这就如同商场里厂家的电视机推销员对他的客户说：“您看我们公司从今年6月份起，大屏幕彩电价格上调了30%，而且国家最近又出台了对利息征收所得税的政策，物价可能会上涨，您可千万不要犹豫了，如果现在就买的话，我们还可以让利5%，以后就难说会有这样的机会了。”

使用让步成交法促成交易时，除价格优惠外，还可提供试用、赠品、设备安装、人员培训、以旧换新以及满足对方的某种特殊需要等优惠条件。

以下是对让步成交法的适用性及优缺点分析：

让步成交	内　容	
适用性	对象	主要适用于求利心切而又是在同行购买者中有影响的客户
	时机	以大批量生产降低成本的产品推销，同竞争对手争夺客户的特别时期
	作用范围	为配合企业的促销活动而进行的一系列决策
优点	企业推销竞争的一种手段，是吸引大客户、扩大产品影响的好办法。使用让步成交法可以较快结束推销并达成交易协定，可以在短时间内推销一些不容易推销的产品以加快资金回笼	
局限	在价格条件上给予客户优惠，减少了企业销售收入；影响销售人员和所推销产品的市场定位，容易让客户形成优惠合理定势，为以后的销售带来消极影响	
注意事项	销售人员应注意要服从企业的整体营销策略（如市场定位策略等）和企业的其他促销活动，不能滥用优惠条件。在推销谈判中，每退一步、每许诺一个优惠条件，都应要求客户给予相应的回报，如多购买或介绍其他客户等	

销售实训

让步成交法能在销售人员和客户之间创造良好的成交气氛，而促成大量交易。但让步成交法具有双重性，既可以产生积极的成交心理效应，又可能产生消极的心理效应，如果销售员滥用让步成交法，会使客户对所销售的产品质量产生怀疑，从而拒绝购买。在实际销售工作中，有些销售员提示虚假的优惠成交条件，诱骗客户成交；有些销售员抬高原价，制造减价成交的假象；还有些销售员利用成交优惠条件，销售劣质货等。这些行为，破坏了商家信誉，甚至违反了法律法规。因此，在销售工作中，销售员应诚实守信，遵守法律，合理使用让步成交法。

实例 58　欲擒故纵式成交法

点·睛·提·示

欲擒故纵，是指采用与要实现的目的背道而驰的手段，有的放矢地瓦解对方的防御心理，使对方自动上钩，这样，成交的主动权就掌握在你的手里了。

新推销员刚开始做销售业务时，往往逢人就说："拜托您了，请过目吧！"其热情不亚于追求意中人。然而结果却是推销员追得越急越猛，客户跑得越远。

其实，对举棋不定的客户，若勉强他做决定无异于加重他的心理负担，因为他时时刻刻都想脱离这种压迫感，所以在这种情况下所做的决定，对你来说，也未必就非常有利。若欲使客户尽快做出有利于自己的决定，推销员不妨使用欲擒故纵的技巧，避免正面压迫客户，而将决定权让给对方，使客户在轻松而和缓的心绪中，更迅速地做出有利于自己的决定。

有一天，一个推销员在温斯波罗市兜售一种炊具。他敲了公园巡逻员安徒先生家的门，安徒的妻子开门请推销员进去。安徒太太说："我的先生和隔壁的史密斯先生正在后院，不过，我和史密斯太太愿意看看你的炊具。"推销员说："请你们的丈夫也到屋子里来吧！我保证，他们也会喜欢我对产品的介绍。"于是，两位太太"硬逼"着他们的丈夫也进来了。推销员做了一次极其认真的烹调表演。他用他所要推销的那一套炊具，用文火不加水煮苹果，然后又用安徒太太家的炊具煮。这给两对夫妇留下深刻的印象。但是男人们显然装出一副毫无兴趣的样子。

一般的推销员，看到两位主妇有买的意思，一定会趁热打铁，鼓动她们买。如果那样，还真不一定能推销出去，因为越是容易得到的东西，人们往往越觉得它没有什么珍贵的，而得不到的才是好东西。聪明的推销员深知人们的心理，他决定用欲擒故纵推销术。他洗净炊具，包装起来，放回到样品盒里，然后对两对夫妇说："嗯，多谢你们让我做了这次表演。我很希望能够在今天向你们提供炊具，但今天我只带了样品，你们将来再买它吧！"说着，推销员起身准备离去。这时两位丈夫立刻对那套炊具表现出了极大的兴趣，他们都站了起来，想要知道什么时候能买得到。安徒先生说："请问，现在能向你购买吗？我现在确实有点喜欢那套炊具了。"

史密斯先生也说道："是啊，你现在能提供货品吗？"

推销员真诚地说："两位先生，实在抱歉，我今天确实只带了样品，而且什么时候发货，我也无法知道确切的日期。不过请你们放心，我一定把你们的要求放在心里。"

安徒先生坚持说："唷，也许你会把我们忘了，谁知道啊？"

这时，推销员感到时机已到，就自然而然地提到了订货事宜。

于是，推销员说："噢，也许……为保险起见，你们最好还是付定金买一套吧，一旦公司能发货就给你们送来。这可能要等待一个月，甚至可能要两个月。"

欲擒故纵，本是兵法上常用之计，但今天，早已没有那么多"兵"可用了。不过这些计策还是有它的价值，那就是告诉人们如何做人，如何做事。

销售实训

欲擒故纵是一种完全不同于开门见山直奔主题的推销方法，在推销过程中，推销员要根据客户的态度随机应变地运用欲擒故纵策略掌握成交的主动权：

1. 摆出机不可失的架势

如果推销员碰到那种徘徊不定的客户，表示："愿意加入，但还得四五天的时间仔细考虑。"这时候推销员应该马上把话接过来："哇！是真的吗？我知道啦，不过呢，四五天以后还要忙于开拓新的市场，恐怕您没有这份运气啰！"边说边收拾说明资料，一副表示惋惜的态度。此话让客户多多少少对推销员怀有不满，受这种不满情绪的驱使，客户便会有“请稍等一下好吗？与家人商量以后再答复你”的心理状况。

2. 限量发售

限量发售，顾名思义，就是对所售商品的数量进行限定。限量发售会造成一种商品紧俏、稀缺的气氛，客户唯恐买不到而争相购买。

适合于限量销售的必须是高档奢侈品，如款式新潮的名服、名表、名车、工艺品等。这种商品本来就是可有可无的，购买者拥有这些商品的目的不是自己享受，就是炫耀自己。这种商品如果大量销售，会给客户一种很普通的感觉，从而引不起客户的购买欲望。相反，如果数量很少，客户会以为这件商品很珍贵，拥有这种商品会带来心理上的满足。

3. 只卖给有资格者

如果当客户购买东西时，推销员说“我们的东西只卖给有资格的人……”那么客户多半会毫不犹豫地买下它，因为推销员的话中隐含了这么一层意思：你不买不是我们的东西不好，是我们不卖给你，因为你不够资格！客户为了证明自己是有品位的、有资格的，当然会买下来。这就是销售过程中可能会用到的欲擒故纵法。具体的例子如下：

“这件艺术品很珍贵，我们不想让它落到附庸风雅、不懂装懂的人手里，那些只有一堆钞票的人，我们根本不感兴趣。只有像您这样真正有品位，真正热爱艺术，真正懂得艺术的人，才有资格拥有这么出色的艺术珍品。我想……”

“这座房子对您来说，可能大了一点，也许，应该带您去别的地方，看一看面积小一点的房子。那样，您可能会感觉更满意一点。”

具体促成时的方法很多。在动作上，轻轻地把对方正爱不释手的商品取回来，造成对方的“失落感”，就是一个典型的欲擒故纵的例子。还有，让对方离开尚未看够的房子、车子都是欲擒故纵的动作。采用这一类动作时，掌握分寸最为关键，万万不能给人粗暴无礼的印象。

4. 适度冷淡和挑衅

若客户是恃才傲物，自以为无所不晓、无所不能的人，推销员可以用冷淡的态度压住其气势，进而运用技巧使其在不知不觉中与你成交。其技巧是：运用挑衅话术引起客户的重视；待客户态度转变时，再运用热情法则感染、激励及恭维客户，规劝其交易。

总之，推销员要时刻握好笔，一旦客户首肯，马上以破竹之势签订合约。像这样采用“软硬兼施”的欲擒故纵法，需要对客户察言观色，果断地采取行动。当然，这种策略不仅仅只是在接受签约阶段才有效，开展业务的阶段，特别是在初次访问中遭拒绝的情况下照样可以运用。

第六章　因人而异
——针对不同客户的应对策略

实例 59　打开寡言型客户的话匣子

点·睛·提·示

给沉默寡言的客户“相面”，了解他的内心和性格，然后采取相应措施。

销售员在销售时，有时会遇到这种类型的客户：他对你的销售言辞不置可否。自始至终，不管你怎么说，他不反对，也不肯定。针对这类客户，到底该怎么判断客户的心理，并根据他的心理来进行有针对性的销售呢？

只要根据沉默寡言型的客户的沉默原因进行分类，找出其沉默的理由，再根据这些理由“对症下药”，便能把问题解决了。

1．讷于交谈型

有些人生性便在谈话方面拙于言辞，不擅长语言表达。面对这样的客户，销售员应该采用“做选择题”式的提问方式来打开他的话匣子，同时注意言辞和蔼、坦诚。

小张卖某品牌的电磁炉，他见其中一位客户在柜台前听得很认真，却没有提出任何问题。于是小张对这位客户说："先生，您觉得我们的电磁炉的颜色好吗？"这位客户报以微笑。小张心里有了数，便继续提供选择："您认为它的蒸煮功能和烤串功能哪个您用得更多些？"客户想了想，终于开口说："蒸煮。""噢，那您看，我一会儿给您演示一下我们这个电磁炉在蒸煮方面的功能，它既能蒸得好，又不会让汤溢出来，您不必为了怕它'跑锅'而紧盯着它。"于是，小张演示了一番。而客户见他热情诚恳，便很认真地看了他的演示。最后，这位客户买下了小张销售的那台电磁炉。

瞧，小张并没有因为客户不说话而冷落了他，相反，到是给予特别的关注。为什么？一个人在你的柜台前虽然不说话，但一直看着你演示却不走开，这不正说明他对你的产品动心了吗？

2. 顾虑重重，不肯轻易出声型

俗话说，病从口入，祸从口出。有些人就是怕"祸从口出"而不敢轻易说话。比如怕引人误会，怕自己频频口误又被别人钻空子，最后招来损失……尤其在与销售员打交道时，干脆就以沉默来对待对方。

面对这种情况，销售员一定要对客户的这种心态报以理解。同时，注意不要给这种客户以"他在千方百计地算计我"、"他就是想说服我让我上当买他的货"的感觉。

那么面对这种类型的客户时，该怎么说呢？

首先，你说话时一定要表情大方随和，面带微笑。然后，不要说些像给产品做广告似的话，而是以征求意见的方式和对方聊天："您看，我们这个产品的样式是不是年轻人更喜欢些？"这样做的目的是要把他们的被动感觉变成主动的感觉，让他们感觉你是在征求他们的意见。这样一来，或许他会说："那可不一定。"这样，一旦他的话匣子打开了，下面你再根据具体情况，一直问下去，直到成交的可能出现时，对他"自然而然"地提出成交要求即可。

3. 冷静理智型

此类客户遇事冷静、沉着、思维严谨，看起来有一种让人感到冷的感觉，甚至销售员在进行商品介绍说明时，他们也不说一句话，没有什么表情变化，冷淡淡的，其实他在用心听，在仔细考虑，只不过不表现在脸上和话语中，而是在他的脑子里。这类客户大都具有相当的学识，且对商品也有基本的认识和了解。销售员在面对这类客户介绍产品时必须从产品的特点着手，谨慎地将产品的特性及优点全面地向客户展示，以精确的数据、恰当的说明、有力的事实来博得客户的信赖。这类客户不提问题便罢，他们一提就会提出一个很实在或者很令人头痛的问题。这时销售员就不能蒙混过去，而是要小心地为他解决问题，并且要抓住问题的关键所在。销售员要注意的是态度必须谦和而有分寸，千万别显露出一副迫不及待的样子。

4. 冷淡傲慢型

他们较严肃拘谨，自尊心强。对于这类客户，销售员可运用激将法引来他们的辩解，一旦他们开口说话，销售员要掌控时机，顺势交谈下去，介绍商品特色以吸引他们的注意力，引起他们的购买欲望，便很容易达成交易。整个过程需要销售员见机行事，以自己愉快的言行带动客户的兴致。

销售实训

客户沉默的原因多种多样，在此所做的分类，只是为大家提供一种思路，在现实中，你会遇到各种各样的客户，不管如何，最根本的是要做到察言观色，通过给他“相面”，了解他的内心和性格，然后，采取相应措施，把他的话刺激出来——一旦他开口，销售员便找到了进一步“进攻”的突破口，接下来的销售活动也便容易展开了。

实例 60　让犹豫型客户果敢坚决

点·睛·提·示

应对犹豫型客户，销售员要牢牢掌握主动权，不断提出积极的建议，直到促使其做出决定。

有些客户，可能你已经明明白白将产品介绍给他了，但他最后还是说：“我再考虑考虑吧。”应对这种客户，销售员必须当机立断，采取行动：可以直接询问他到底还有什么疑问，如果有疑问，则马上拿出解决办法；如果没有疑问，那就是由其优柔寡断的性格所致。

优柔寡断的人遇事没有主见，往往消极被动，决断迟缓，心情总是动摇不定，连非常细微的刺激都能左右其情绪，让其难以做出决定。对于这类客户，销售员要牢牢地掌握主动权，充满自信地运用销售语言，不断地向他们提出积极性的建议，多多运用肯定性用语，当然不能忘记强调你是从他的立场来考虑的，这样直到促使他做出决定。

销售实训

面对优柔寡断型客户的方法如下：

1. 二选一法

二选一法的秘诀是由销售训练师艾米尔·惠勒最先提出的，因此也称为“惠勒秘诀”。有一位汽车销售员听了惠勒的训练课后，深受启发，我们来看看他是怎么做的：

有一位汽车销售员设计了一个表格，在客户来买汽车的时候，他并不说：“你买汽车吗？”或“你买什么牌子的汽车？”他明白没有人会满口肯定地说：“我就买你的了！”于是，他尝试通过小问题的不断提出来锁定客户的需求。

销售员：“请问你是喜欢红色的汽车还是黑色的汽车？”

客户说：“黑色的。”

销售员在“黑色的”地方打个钩，然后又问客户：“你是喜欢 6 个缸的还是 8 个缸的汽车？”

客户说：“8 个缸的。”

销售员又在“8 个缸”的地方打个钩，再问客户：“你是喜欢带音响的还是不带音响的？”

客户说：“带音响的。”

销售员又在“带音响”的地方打个钩……

当一个个问题被提出之后，销售员把表格总结一下递给客户："这就是你要的汽车。"

可以看出，在上述对话中，无论客户选择哪个答案，销售员都可以顺利地做成一笔生意。销售员运用这个方法的妙处在于，以咨询的方式将选择的自由权交之于客户，不管规格也好，颜色也好，只要客户任选其中一种，即有机会促成交易。

2. 提出好的建议

客户有时会在买这种还是买那种等问题上拿不定主意。作为销售员，如果能够提出某些建设性的意见，使客户从心里认同你的意见而摆脱两难的境地，无疑是一种最有效的引导策略。有时客户会征求销售员的意见，询问哪一种更好，在这种情况下，如果销售员回答："这完全取决于您自己。"或者："哪一种更好，一人一看法，我也说不好。"像这样的话对客户的选择显然毫无意义，他们很可能因拿不定主意而放弃购买。销售员正确的做法是说出自己的意见，并说明理由，给客户具体的帮助。如客户问销售员蓝色的好还是棕色的好时，销售员不要说："我不喜欢蓝色，要是我买，就要棕色的。"而应该说："这两种颜色都不错，但棕色比较流行，而且也很适合您，您觉得棕色是不是更好呢？"这样，销售员既巧妙地说出了自己的意见，又引导客户做出了最后决定。

3. 问些小问题

可以问客户："您需要多少？""您喜欢什么颜色？"这些问题使客户觉得容易回答，同时也能逐步诱导客户采取购买行动。不要直接问客户："您想不想买？"客户还没下决心，当然不好回答了。

在小问题上提出多种可行的解决办法，让客户自己做决定。如："整箱买可以便宜10%，您想要一整箱还是零买？"

4. 制造紧张气氛

针对客户犹豫不决的心理，在商品已经为数不多的情况下，提醒他不要错过最后的购买机会，往往可以促使其尽快采取购买行动。例如，客户说："我很喜欢这双皮鞋，不过我想再到别处看看。"销售员可以这样说："这个号码的鞋只有这最后一双了，我看您很喜欢，假如这鞋被别人买走了，那您肯定会感到失望的。"

5. 解除客户的疑惑

客户迟迟不能下决心购买有时候是因为他们害怕犯错——害怕被错买的东西

套牢；害怕买贵了；害怕被批评作了一个差劲的采购决定；害怕你和你的公司都没有办法提供完善的售后服务；害怕无法享受到购买时销售员所说的那些好处。简而言之，当客户在考虑购买商品的时候，他通常都会担心，因而会回答："让我再考虑一下。"所以，销售员有必要解除客户的种种疑惑。销售员可以把过去销售成功的事例当成故事说给客户听，让客户了解他的疑虑也曾是别人的疑虑，别人在买了产品、经过一段时间的使用之后，不再有疑虑，而且还受益良多。故事能增加客户对产品的信心和认同，进而采取购买行动。但是故事不能凭空捏造，要让人相信，如果有客户的感谢信或者传播媒体的赞誉等支持就更好了。

6. 送个人情法

如果客户说："我想和妻子商量一下。"这时不要以为这是客户要走脱的借口而不再热情招呼。销售员可以说："非常好，这么重要的事确实应该跟尊夫人商量。那么就让我告诉您它最大的优点吧，便于您跟夫人商量。"他这次不买没关系，下次再来的时候已是心中有数了。

实例 61　使挑剔型客户心满意足

点·睛·提·示

有一些很固执的消费者，即使周围的很多人已接受或采用某一种产品，他们仍抱有怀疑态度，总能找出许多毛病来，不到万不得已，他们不会下决心购买。

客户的挑剔心理是一种思维惯性，有些人以前购物时上过当，对销售员反感，想通过冷嘲热讽发泄一下，以求得心理补偿；有的人认为自己见多识广，比销售员有经验，为商品挑毛病是想炫耀自己；还有些人对商品提出异议并不是不想买，而是希望得到更加优惠的成交条件。只要你能够把握住客户内心的根本需求，积极、主动、热情、坚持、宽容地对待每一位客户，就会获得成功。

挑剔型客户有以下三种类型：

（1）支配型。这类客户常常思维敏锐，感受能力又强，有了第一印象就很难改变。应对这类客户，要求销售员给客户介绍产品的时候要全面和到位，对这类客户的要求要尽可能地快速处理，使他感觉你做事很有效率。

（2）寻求心理平衡型。这类客户要享受“客户就是上帝”的待遇，所以销售员要以诚恳礼让的态度为其服务，满足他们的优越感。

（3）希望获得打折型。这类客户的真正意图可能在于以更低的价格买到商品，所以总是试图找出产品的弱点。面对这类挑剔型客户，要摸清对方挑剔的真实原因，以积极、诚恳、主动的态度努力纠正对方的看法。

销售实训

无论遇到哪种心理类型的挑剔客户，销售员要保持待人接物时的冷静，对客户坚持先听后讲的原则，应允许客户完整地提出自己的不满与异议，间隙时可适当提问，以帮助客户更清楚地陈述自己的意见；绝不能轻易打断客户的话，以免发生误会；还要避免江湖语气。

下面是几种常用的应对客户挑剔的策略：

1. 顺应客户的说法

当客户挑剔指责时，不要立刻反驳客户，这会让客户有受挫感。应先对客户的疑虑表示认同。人有一个通性，不管有理没理，当自己的意见被别人直接反驳时，内心总是不痛快，甚至会被激怒。只有先去认同客户，才能最终被客户认同。这种方法是做一个点头的动作，口中伴随：“是的，没错。”无论客户的问题多么困难，优秀的销售员都可以用“是的……没错”来回答他，例如：

“你们产品包装的颜色不好。”

“是的，没错。我发现您的色彩感很强，下次我们公司生产产品时，邀请您来做我们的色彩顾问好吗？”

通过有效的对话回避问题，这是每个销售员都应该做到的。

还有的客户会说："你们产品的价格太高了。"你要回答："是的，没错。我一看到您就发现您是享用高档产品的人，所以低档次和价位的没向您介绍啊！"

2. 告诉客户很多人都这么认为过

当客户对商品的某一方面加以挑剔指责时，即使这种挑剔指责是不合理的，销售员也不要直接否定说"不是的"、"你说得不对"等，正确的方法是，以诚恳的态度说："好多刚刚接触这个产品的客户跟您一样，也是这么认为的，但您听我给您讲，这种商品是……所以所有人最后的看法都改变了。"这是一种积极的应对方法，既说服了客户，又介绍了产品。

3. 忽视法

如果客户的挑剔显得模棱两可，含糊其辞，让人费解，或者挑剔显然站不住脚，不攻自破；抑或挑剔是无法回答的奇谈怪论，容易造成争论的话题，甚至是可一笑置之的戏言，销售员可以采取以下方式忽略它：沉默，或者装作没听见，按自己的思路说下去；答非所问，悄悄转换话题；幽默一番，最后不了了之。如果客户的挑剔具有不可辩驳的正确性，或者明知故问地发难等，销售员只需微笑点头，表示同意和认可对方就是了。

比如客户会说："你们的产品如果找刘德华拍广告，我早就购买你们的产品了"或者"你们汽车的发动机如果是全铝发动机，我早购买你们的产品了"等，这些都不是真正的挑剔，对方只是想表现一下自己的档次高或知识广博而已。此时聪明的销售员会这样说："您真高见，这样的一个好建议我一定向上面反映一下。"

只此一句话就可以了。这种做法是对客户的想法表示理解，千万不可逞一时之气与客户斤斤计较。

4. 预防为主

如果销售员能在客户挑剔之前就把所有的问题都消灭掉，即使遇到爱挑剔的客户也让他无计可施，这样做避免了因纠正客户的看法或反驳客户的意见而引起的争论，而且还可以使客户觉得销售员非常善解人意，了解他想说而没有说出来的意思，这样客户会对销售员产生信任感。这种方法是最好的解决客户挑剔问题的办法。要练成这一招，销售员在事前就要将客户可能会提出的问题列出来，然后考虑一个完善的答复。可以把客户每天挑剔的内容收集起来进行分类统计，并想好解决办法，记住并熟练运用，达到运用自如、脱口而出的程度。

5. 表现出负责任的态度

如果客户对商品做出了错误的批评或态度非常不友好，如客户说："这款鞋走路后跟一定会掉的。"销售员可以这样回答："我以我们品牌的信誉担保，这款鞋是不会掉跟的，如果真的掉了，我们会负责到底的。"有时客户可能会说："这是假冒伪劣产品。"销售员可以回答："我们商店讲求信誉并且有连锁加盟授权书，从来不卖假货，也许您能为我们指出证据，欢迎您和我们一起打假。"对客户的挑剔需要有很高的回答技巧，回答不当会带来麻烦。因此，销售员在回答客户的这类问题时，语气一定要诚恳，不要让消费者感觉受到了轻蔑或讥讽。

还有，在回答客户问题的时候，要尽量简洁，不要花费太多时间。如果你总是喋喋不休地讲述一个问题，客户就会认为他提出的问题切中要害，而你又很难给予良好的解决，从而对你失去信心。

实例 62　让逆反型客户顺耳顺心

点·睛·提·示

逆反心理是人们出于本能的心理反应，几乎每个人都有逆反的心理和行为表现，只是程度不同而已。遇到逆反型客户大可不必忧虑，更不能惧怕，而要根据具体情况进行分析。

此类客户不易接受别人的意见，销售员向他们介绍商品或推荐产品时他们会加以拒绝，销售员向他们提问时他们也会以不合作的态度或否定的态度加以回击，让人很不舒服。我们对这类客户的特点细加分析归类，总结出逆反型客户有以下几种，并提供了相应的应对策略：

1. 怕受骗型客户

这类客户对任何事情都不会满意，不相信销售员。也许是由于这类客户与其他销售员有过不愉快的交往经历或其他原因，造成他们的一种出自本能的不信任态度。你说得越好听他们反而不相信，总认为你在“忽悠”他们，但你说得不好听他们又绝对不会买你的产品。

与这类客户交往时，必须拿出绝对的诚意，使他们对你产生信任，再加以强有力的证据，消除他们心中的疑虑，使他们感到安全可靠。如果有其他客户帮助推荐说服，他们也会比较容易接受。销售员可以这样对客户说：“这个东西我说它好你可能不信，让大家都说好才是真的好呢，要不你问问现场的其他人，保证都说它好。”这样可以将顽固的反对者软化，使其固执的态度做 180°大转变。

2. 性子急的客户

这类客户性格急躁，他们的决定下得很快，只要觉得产品合乎自己的口味，他们便二话不说，立即买下。销售员再跟他说别的他就会特别烦，他认为这是一种麻烦，因而不给销售员说话的机会。

为这类客户服务，销售员千万不能过于啰唆，动作要干脆麻利，跟上他们的快节奏，给客户留下合作愉快、优质干练的服务印象。向这类客户推荐商品时只需要简短地说明产品的用途、特点、使用价值及价格等就可以了。

3. 固执的客户

这类客户，当销售员向他们推荐类似商品时，他们总是以先入为主的态度对商品显示出讨厌的情绪。

对此类固执的客户，销售员可以采用迂回战术。抓住时机，引入销售主题。对于这类客户先入为主的言论，销售员尽可以不去理会，只要你以真诚的态度接近他，交易便会达成。此外，销售员也可以从价格上给他们以优惠，这肯定会让他们动心，只要他们认为物有所值，一定会购买的。

4. 排他型的客户

这类客户比较孤傲，常表现为孤芳自赏或者顾影自怜。他们对事物有自己的看法，轻易不会接受他人意见。他们的自尊心特别强，对外界事物特别敏感。即使是无心的玩笑，也会引起他们的不快。

与排他型客户要勤于来往，多拜访，不要企图一次接触便能接近他。每次接触时要少说话，尽量配合他，甚至要适当地说一些满足对方自尊心的话题。一旦这类客户提出什么异议时，销售员要站在他们的立场上考虑问题。在进行了很好的沟通之后，这类客户的成交速度还是比较快的。

销售实训

有时客户逆反心理的形成不仅仅是由客户的性格造成的，也是由于销售员的不当销售方式造成的。下面的不当销售方式销售员一定要引以为戒：

（1）有些销售员的目的是销售出更多或价格更高的产品，但有时却忽略了客户的真正需要，给客户造成厌烦情绪和逆反心理，也损害了销售员在客户心中的形象。销售员在销售商品时要考虑客户的真正需求，站在客户的角度，把客户当做朋友，才能获得客户的信任。

（2）你越是对产品进行强力推荐，这类客户越会觉得你是想赚他的钱，从而对你产生反感，甚至产生逆反心理，其后果就是你失去了这个客户。客户也有自己的主见和选择权，他们需要得到的是你的建议和参考，不需要你的过度引导。

（3）有些销售员自以为对产品很了解，不仔细聆听客户的意见，常常打断客户的话，把自己的猜测或观点强加给客户。这种盲目自信的销售员最令客户反感。销售员应记住自己只可以充当顾问的角色，要充分尊重客户。

实例 63　让节俭型客户感到物有所值

成功的销售就在于——让客户觉得物有所值。

在销售过程中，难免碰到一些节俭成性的客户，多年来的节约习惯使他们对高价位的产品比较排斥，对产品的挑剔也最多，其讨价还价的理由有时更是五花八门，有的时候甚至让人啼笑皆非。

推销员小李跟上司诉苦："我真的不知道怎么对待一位特别节俭的客户，他不仅会算计，还很会讨价还价，每天跟我在电话里、公司、服务现场讨价还价，让我感觉像是待在一个菜市场里。这种感觉快要让我发疯了，我真想大吼几声！在这个客户眼里，好像我们所有的东西都该免费提供给他一样，整天缠着我，我的服务也是免费的啊？都免费了，我们这些销售人员不都要去喝西北风了吗？就算我们的服务是免费的，那也要根据合同的约定去执行吧？"

上司笑着劝他说："小伙子，不要着急嘛，你可以跟他讲明白咱们产品的实际价值，告诉他，这些东西是最低价了，适当给他制造点危机感，不信的话，让他自己调查调查。"小李一脑门子汗，从上司办公室出来就打通了这个客户的电话。

有类似小李这样经历的销售者一定不在少数，毕竟这个世界上真正的有钱人不多，节俭简朴也是传统美德。

其实，节俭型客户并非一毛不拔的人，只不过他们花钱更谨慎，习惯将钱花在刀刃上。只要你能激发他们的兴趣点，让他们感觉到物有所值，卖给他们东西也不是很难。

和节俭型客户商谈时，最好多强调产品的特征和价值所在，把产品的成本、生命周期、投资回报率告诉他们，并强调高报酬率才是重点。只要让节俭型客户看到产品的价值，就能解决客户心中的问题。

只要我们循循善诱，让节俭型客户明白"一分钱一分货"的道理，他们就会很爽快地打开钱包。节俭型客户以价格太高拒绝购买我们的产品时，我们还可以分几次推销，把一次推销任务化整为零，以减少关于价钱的压力。

花钱要花得值，相信你也是这样认为的，何况是我们要从客户的口袋里掏钱。销售人员不仅要控制自己的心理，还要学会掌控客户的心理。只要让客户感觉他的钱是花在了刀刃上，我们的目的也就快实现了。

销售实训

那么，在具体销售过程中，销售员应该如何让节俭型客户明白"一分钱一分货”的道理呢?

1. 为顾客计算性价比

节俭型客户在购买东西的时候，更着眼于产品的性价比来决定是否购买，无论商品价格高低，节俭型客户都希望通过衡量商品的质量、价格、功能等来考虑商品的性价比。但并不是所有客户对自己所要购买的产品都有足够的了解，很多时候，由于客户对产品的认识受到很多因素的制约，例如对商品的性能不够清楚，忽视了一些重要的细节等，因此也就可能对所购商品的价格提出质疑。

所以作为销售员，想要尽快消除节俭型客户的错误理解，就要准确及时地传达给他们与商品质量相关的信息，尽量让节俭型客户全面地了解商品质量，并以此为依据为节俭型客户计算出性价比，让节俭型客户一目了然地看到商品的质量与价钱之间的内在关系，消除其有关价格的质疑。

2. 用事实说话

俗话说，眼见为实，耳听为虚。有时候，销售员费尽口舌，将产品的功能和优势一一解说出来，但客户并不相信，反而撂下一句话：“王婆卖瓜，自卖自夸。有谁不说自己的瓜甜?”的确，这一回答让一些销售员不知如何是好。事实胜于雄辩，再好的解说也比不上事实的力量，只要销售员用事实说话，那么就不愁卖不出好产品。

在销售过程中，所谓的事实并非权威证书或者一纸公文，只要销售员让节俭型客户多一些实际体验，让节俭型客户从内心体会到产品质量的优越性，就完全能够消除其嫌贵的心理了。

3. 保持足够的耐心

对于节俭型客户始终保持的价格疑义，销售员束手无策，于是，放弃成了销售员常有的做法，其实，没必要这样，因为放弃了一个客户，就失去了一次成交的机会。另外，节俭型客户对产品有价格上的异议，说明他有意向购买，只要化解了价格异议，销售成功是自然而然的事情，为什么放弃一次成交机会呢?

在这个过程中，针对产品向节俭型客户进行详细的介绍和解释是不可少的，如果节俭型客户一再质疑，销售员切不可因为急于成交而降低价格或者是放弃客户，而是要拿出足够的耐心，向客户讲明价格与质量的关系。只要销售员拥有足够的耐心，并辅以正确的沟通方法，就能让节俭型客户明白“一分钱一分货”的道理。

实例 64　让急躁型客户慢下来

点·睛·提·示

急躁型客户总有一种急于求得结果的心理，看到一个好的产品就毫不犹豫地购买。因此，销售员遇到这种客户时，就要采用特别的销售手法。

急躁型客户个性急躁，做事雷厉风行，凡事都希望快速解决，而且其着急的心理往往在言谈举止中流露得很彻底。

比如，当销售员详细地向他们介绍产品时，他们会迫不及待地说："你到底想要说什么？能不能先告诉我结论？"此时，如果销售员慢条斯理地作介绍，他们就会不耐烦而下逐客令："我今天实在没空，你明天再来吧。"

在销售过程中，相对于那种沉默寡言的客户来说，应对性急的客户要容易得多。

销售员在与急性子的客户打交道时，由于急性子的人容易感情用事，遇到自己喜欢的东西就会立刻购买。如果事后不符合他们的要求，往往会后悔不迭，甚至会把这种责任怪罪到销售员头上，再也不会和你做交易。

因此，销售员不要因为急性子的客户急于成交就以为这是一个好机会。而应该保持冷静，像对待其他客户一样把销售的程序过一遍。

与一般客户相比，销售员应对急性子的客户还是要用不同的方法。销售员首先自己要表现得干脆利落，交谈时应单刀直入，简单明了，让客户觉得你不是啰嗦的人，然后再顺着客户的思维方式、步调采取行动。由于对方容易冲动，所以你必须始终保持冷静，从容自如地利用你掌握的资料充分说服对方，并使其没有反驳的余地。

在急躁型客户向你连珠炮似的发问时，你一定要先听清楚对方的问题，如果这位性急的客户是具有购买决定权的人或者是公司的老板，你可以先跟他谈结论，不必过多地谈理由。这类性急的人，只喜欢听自己想听的东西，如果要全面介绍说明时，你不妨经常强调一下：“另外，这一点也很重要。”

如果遇到性急客户提问，销售员一定要听清他的问题，在必要的时候可以说：“请您稍等一下。”然后慢慢地向他解释产品的使用方法和好处。当把客户的注意力引到主题上以后，一定要抓紧时间说明你认为重要的部分，如果销售员本身没有很强的说服能力，很容易让客户听得不耐烦，以致销售失败。这时最好长话短说，言语简洁有力，态度也要诚恳。

销售实训

对待急躁型客户，耐心和倾听是最好的安抚方式。有时候他们会比较暴躁，但如果你很耐心，很有涵养的话，等他冷静了，也许会想到刚才的失礼，并为自己的行为感到歉疚。之后也就能倾听你的介绍了，而且这种内疚感往往是突破对方防线的薄弱环节。

实例65 让炫耀型客户找到“上帝”的感觉

点·睛·提·示

炫耀型客户最爱听恭维、称赞的话。要是对普通的人称赞5次就足够了，对这种人则应至少称赞10次以上。

这类客户爱炫耀、喜欢在别人面前表现出自己的优势——不管是有钱、有势还是有美貌——只要是他们认为值得在人前显示一下，表现出自己高人一等的，都是他们炫耀的内容。作为销售员遇到这种人很常见，只是如何能把产品卖给他们，那就得看你的销售技巧了。

遇到这种类型的客户，销售员一定要做到不要有自卑感。销售员由于种种原因，往往本身抱着一种自卑感，尤其是在面对这种炫耀型的客户之时。其实人人是平等的，大可不必自卑。只要认识到自己的任务是为他全心全意服务即可。端正心态，才能在说话时底气十足。

做好这种心态的端正后，接下来，销售员便可针对不同的客户来施展自己的口才。

比如，有些客户爱炫耀自己有钱，显出财大气粗的样子。这类客户的主要目的是买一个质量高、包装好的名牌产品。这种人虚荣心很强，和他们交流，最好用平和、客气的语气：

“尊敬的先生，您大概不知道吧，我们新出的这类产品，不是随随便便对任何人都进行销售的，这样会影响到我们公司的声誉。”

当你说出这么几句话后，就不必再和他们说什么，因为这已经足够使他们马上产生反应了，他们内心肯定窝火：为什么别人能买，我就不能买？我可不比他们差。这时你应接着说：

“我们公司针对特殊客户的特殊服务项目都要严格的审查和选择，这点，相信大家都是有所耳闻的。在选择对象上，首先我们要求客户必须符合一定的条件，但事实上，话又说回来，真正能符合这样条件的人并不是很多，因此总是有例外，我想像你这样有知识、有文化的人一定能理解我话中的含义，是吧？”

再如，有些炫耀型的客户自我感觉良好，老是喜欢把“我如何如何”挂在嘴上。比如：“我用的东西是从澳大利亚进口的，你们产品的质量跟人家的生产工艺没法比。”这样的人最爱听恭维、称赞的话。对他们所热衷的事物，你需要表现出一副羡慕钦佩的神情，彻底满足对方的虚荣心，无论如何不能伤了其自尊心。通常能平心静气地洗耳恭听他们谈论自己得意的事的销售员，最讨他们喜欢。这样一来，对方则较难拒绝你的建议。总之，对这种人你称赞得越充分，成交的机会就会越大。

还有一种炫耀型的客户，他们爱炫耀自己的知识，只要有机会开口，便滔滔不绝，没完没了。虽然口若悬河，却不免离题万里，看见什么、想起什么就

“侃”什么。销售员和他们讲话时，他们爱打岔、发表武断意见。应对这类客户，销售员要有绝对的耐性。当客户情绪高涨时，要给予合理的时间让其尽情地高谈阔论，切不可在客户谈兴正浓时不适宜地打断。如此做法不仅难以让其停止，反而会生出些许怨恨来。但是，销售员必须学会控制面谈，以免流于家常闲聊。在谈话时，销售员要随时留意机会，将谈话引入销售的正轨。

销售实训

面对炫耀型的客户，不要低声下气，唯唯诺诺，也不要表现出不在乎的样子。要以诚恳的态度和客户建立一种和谐、互利的关系。要做到和谐，客户不是仇人也不是上帝，销售员和他们是平等的。如果把客户看成“上帝”，毫无原则地退却忍让，那销售员在一开始就处在了弱势，这样是不利于和客户沟通的。销售员要知道这类客户其实在炫耀自己的同时，也正是表现出他们对我们出售的产品相当感兴趣所致，因此，销售员应该抓住其炫耀的机会多作介绍、巧妙销售才是。

实例66　让善变型客户为你而变

点·睛·提·示

善变型客户容易见异思迁，对自己原有的想法，可能因一时的冲动而推翻，在购买商品过程中常常制造难题……

善变型客户的情绪变化很快，反复无常，心情舒畅时，容易沟通；心情抑郁时，又郁郁寡欢，甚至烦躁发脾气。而且这类客户常常为所欲为，不顾忌自己的善变后果如何。他们在与销售员交谈时，常常打断销售员的话，借题发挥，妄下断言。他们容易见异思迁，对自己原有的想法，可能因一时的冲动而推翻，在购买商品过程中常常制造难题，因为他们做决定容易，推翻自己的决定也很快。也正因如此销售员很难判定他们的真实意图与需求，不知如何对其进行销售劝导。

销售员接待这类客户时要了解他们的性格及当时的情绪。在他心情舒畅时，应抓紧时机敦促其尽快做出购买决定；在他心情抑郁时，销售员要耐心等待时机，暂时不要与他的语言相抵触，尽量采取安抚政策，不要急于展开实质性商谈。下面结合具体实际看一下如何对这类客户进行销售劝导：

1. 任性型的善变

这种类型的客户个性不成熟。受生活环境和受教育的影响，使他们任自己的性子行事。而且由于可选择的货品太多，他们自认为自己是接受服务的，有颐指气使的心理，愿意看到服务人员围着他转，看他的脸色行事。接待这类任性的客户，销售员要不卑不亢，热心接待，对其无理要求和态度不作理睬。如果能以真心打动他，做成朋友之后就好相处了。

一位卖头饰的销售员正在热心地为一位客户介绍着几款适合她的头饰。而这位客户也挑好几款了，可还是对销售员说："这些都不怎么好，你再给我拿其他的看看吧。"

销售员心里虽然不高兴，但还是很温和地说："好啊。"

于是又拿出了几款给她看。

就这样，挑来试去的，终于她决定要买一款，可是刚要付钱，她又说道："哎呀，我还是不买了，我看来看去怎么这个也不好啊。"

眼看花了半天的工夫就要前功尽弃，销售员连急带气简直要发火了。可是她平稳了自己的心态，冲这位客户一笑，说："看您挑了这么半天，而且提出了那么有见地的意见，我想，您一定不是第一次买头饰了吧。那么，对于最近流行什么头饰以及头饰的大概价格，您自己心里一定有数。如果不是看着我们的好，您不可能挑这么半天的。所以，您走到其他家，价格和款式上也是大同小异，您与其跑腿到别的家再劳心费神，何不就在我们这里选一个呢？如果您回去后觉得不行，我们可以给您换。"

瞧，话说到这份儿上了，这个任性的善变客户还有路可“逃”吗？最终她还真的听销售员的建议，选择了一款最适合她的头饰，高高兴兴地走了。

2. 没有主见型的善变

多见于女性，她们对于所选商品难下决定，怕自己选得不好让周围的人说三道四。这类客户很在意周围的人和其他客户的反应，别的客户在选什么、说什么，她就会凑过去看看，或者也想试试。接待这样的客户，销售员可以利用周围的客户对她进行劝导，也就是说制造一种气氛，使周围的人鼓励这类客户购买，一定能起到很好的效果。

一位客户在毛衣柜台前，和别的客户一样，东挑西选地挑了大半天，拿起这件想买，可又顺手放下，选了另一件。最终还是不知道自己要不要买一件。这时，销售员说：“小姐，您是自己买，还是给朋友买？”

“噢，我自己买，可是朋友没陪我来，我怕买回去不适合自己。”

“那您看，您的体型和这位小姐的差不多。您看她试穿的效果是不是很不错？”

客户看了看，没说话，但眼神中流露出羡慕肯定的神色。

这时销售员适时跟进：“您不妨挑一件和她一样款的试试。嗯，您看，您选这种颜色吧，这种颜色更适合您的肤色。”

等她穿出来，在试衣镜前比照时，销售员从她的眼神中又看到了“放弃”的神色。这时销售员及时跟进，冲正看客户试衣效果的两位女士说：“你们看，她穿这件衣服是不是特别地显气质？”

“真的是啊！比她原来穿的那件好看！”一位客户真诚地说道，另一位也点头。其他客户受影响，也过来看，都表示了肯定的意见。

结果，这位犹豫不决的客户，终于买下了销售员向她推荐的那件毛衣。

销售实训

面对善变型的客户时，销售员最根本的是要做到用自己快乐的情绪和热情的服务感染他、打动他，耐心地询问试探，找到真正的拒绝的理由，然后，针对他的理由给予细致的服务，切不可对客户的这种善变妄加评论，有过激的言行。只有这样，你才会将客户的善变转换成“一切为你而变”。

第七章　一线万金——电话销售的沟通艺术

实例 67　设计一个独特的电话脚本

点·睛·提·示

一个优秀的电话工作脚本，就好像一套优秀的销售模式，这套模式应有预先的方法，有将心比心的策略，有问对问题的技巧，有建立亲和力的系统。

设计电话脚本对于电话销售员来说尤为重要。如果这方面的工作准备不充分的话，那么你将会发现，你在拿起电话之后可能会语无伦次，可能会没有机会把应该介绍给客户的产品说出来。所以，你必须事先设计一个电话脚本来配合你的工作。

下面是一个电话脚本实例：

“宏瑞公司吗？您好，我是腾达公司的销售员，我叫关勇。上次我给贵公司打过电话，说经理这个时间在。”

“你什么事？”

“噢，有批材料上的事要和经理协商。”

“供应部不需要材料。”

“不是不是，您误会了，我跟经理是要探讨一下材料方面的市场情况。有关市场方面的变化，我想和经理沟通一下，顺利的话宏瑞和我们都会有很好的收益。”

电话销售员，尤其是新销售员平时应勤加练习，这样那种不自然和不舒服的感觉很快就会消失。如果你曾被接线人弄得一时语塞，或不知该如何将谈话继续下去，很可能是你的电话脚本没准备好，你应立即完善它，这样才会应对自如。

销售实训

那么怎样去设计好的电话脚本呢?

1. 精心设计要问的问题

在电话脚本设计这方面，需要着重注意的是“问题的设计”。在整个通话过程中，你需要提出一系列的问题，这样一来能掌握打电话的主动权，二来能避免给客户造成强烈的销售感。

设计提问大纲时需把握好如下两点：一是提问要引导对方的思路朝你的问题靠近；二是提问要尽量引导客户多说，并且在倾听客户的回答中，你可以提出更多的问题，让谈话继续。

提问方式分为“开放式”与“封闭式”两种。这两种提问方式各有自己的优点。

（1）开放式问题。开放式问题就是为引导客户自由回答你选定的话题。如果你想多了解一些客户的需求，就要多提一些这样的问题。例如：“贵公司不考虑做推广型的搜索引擎主要是什么原因呢？”由这个问题，你会听到客户的想法，然后就可以针对他的想法向他进一步介绍，这样会更有针对性。

（2）封闭式问题。封闭式问题是指为引导谈话的主题，由你选定特定的话题，由客户在有限范围内做出选择，如“是”或“否”，“A”或“B”。如果你想获得一些更加具体的资料和信息，就需要对客户提出封闭式的问题，这样才能让客户确认你是否理解了他的意思。但是在电话营销中，如果你问了很多封闭式的问题，会给客户造成一种压力，同时也不利于自己对信息的收集。所以在前期了解客户的需求时，应多问一些开放式的问题，以便让客户能够自由、毫无拘束地说，这样才更有可能使你从中获得有用的信息，找到新的商机。

在设计封闭式的问题时，一定要注意，你所设计的这个问题的答案 90% 以上应该对自己有利，你得非常有把握地知道对方一定会回答“是”或者“不是”，这样才可以成功地引导对方的思维朝你所设计的方向发展。例如：“如果做了推广型的搜索引擎，那么搜索结果将在第一页出现，从而大大提高点击率。这样的话，将对贵公司的业务有积极的推动作用，您认为对吗？”对方的答案是肯定的。那么，设计这样一系列的问题，对方的思路就会逐渐沿着你预期的方向走，最终就会被你说服。

2. 设想客户可能会问到的问题

一般来说，客户通常会问以下问题：

“你们的产品有什么特色？”

“你们的产品与 B 公司相比，有什么优势？”

“你们的服务是怎么样的？”

“什么时候能送货？”

“如果产品出现质量问题怎么办？”

……

总之，客户所提出的问题往往同你的公司、你的产品和服务、你的竞争对手、你所在的行业等有关，只要你认真准备，就能对这类提问应对自如。

3. 设想可能发生的事情并做好决策

在打电话的过程中，因为你不能和对方面对面交谈，无法确定对方会有什么事，比如客户正在开会，或者客户在开车，或者其他不方便接听电话的情况。假如当你打电话给客户时，客户正在开会，你将怎么办？你是讲完要说的话呢，还是与客户约时间再谈？这两个选择都没有对错，但无论选择哪一种，你都得有所准备，否则的话可能会是你既想对他讲，又觉得不合适，所以你在电话中支支吾吾，没法达成目标。

因此，只有事先对突发情况有所预料，才能够采取相应的应变对策。

在明确了上述三个问题后，电话脚本的制作就比较容易了。无论何时，你都要记住，不管你是多么优秀的行家里手，在打电话前都需要设计一个优秀的电话脚本，并且最好谙熟于心。

实例 68 掌握合适的拨打时机

点·睛·提·示

选择合适的电话拨打时机，关键是站在客户的角度来考虑时间合适不合适。当然，也要视你和客户的熟悉程度而灵活掌握。

周一上午，销售员小侯给一位潜在客户打电话，谁知潜在客户得知小侯的销售意图后，只对他说了一句“对不起，我一会儿有个会要开”，就挂断了电话。之后，小侯再打过去，客户也不再接了。

客户为什么会对陌生电话感到反感呢？因为这些电话经常来得不是时候。要想克服这个弊病，就需要选择一个合适的时间拨打电话。

1. 按一周来分

星期一：一般公司都在星期一开商务会议或安排工作，所以大多会很忙碌。如果你要洽谈业务的话，尽量避开这一天。

星期二到星期四：这三天是电话销售最合适的时间，也是业绩好坏与否的关键时间。电话销售员应该充分利用好这三天。

星期五：一周的最后一天，如果这时打过去电话，多半得到的答复是：“等下个星期我们再联系吧！”这一天可以进行一次调查或预约的工作。

2. 按一天来分

8：00 ~ 10：00：这段时间大多客户会紧张地做事，这时接到销售电话也无暇顾及，所以这时不宜打电话。

10：00 ~ 11：00：这时客户大多不是很忙碌，一些事情也已处理完毕，这段时间应该是电话行销的最佳时段。

11：30 ~ 14：00：午饭及午休时间，除非你有急事，否则不要轻易打电话。

14：00 ~ 15：00：这段时间人常常会感觉到烦躁，尤其是夏天，所以，现在不要去和客户谈生意。

15：00 ~ 18：00：努力地打电话吧，你会在这时取得成功。

销售实训

既使你选择了一个较为合适的时间拨打电话，也要在接通后礼貌地征询客户是否有时间或是否方便接听。如果对方有约会恰巧要外出，或刚好有客人在的时候，应该很有礼貌地与其说清再次通话的时间，然后再挂上电话。如果对方不在的话，需向接电话的人索要联系方法。

实例69　有礼“打”遍天下

点·睛·提·示

拨打客户电话，销售员应该做好充分的准备，并注意相关的礼仪细节，才能达到希望达到的目的。

主动拨打电话的时候，也就是电话拜访的时候，除了要注意拨打的时机外，还需要注意哪些礼仪细节呢？

1. 开头语要礼貌

打电话时，每个人开口所讲的第一句话，是给对方的第一印象，所以应当慎之又慎。

打电话时所用的规范的“开场白”有两种。第一种要求用礼貌用语把双方的单位、职衔、姓名一一道来。其标准的“模式”是：

您好！我是 ××× 公司 ×× 部副经理 ×××，我要找 ××× 分公司经理 ××× 先生，或者是副经理 ××× 先生。

第二种适用于日常的人际交往，在使用礼貌性问候以后，应同时准确地报出双方完整的姓名。其标准的模式是：

您好！我是 ×××。我找 ×××。

如果电话是由总机接转，或双方秘书代接的，在对方礼节性问候之后，应当使用“您好”、“劳驾”、“请”之类的礼貌用语与对方应答，不要对对方粗声大气，出言无忌，或是随随便便将对方呼来唤去。

得知要找的人不在，可请代接电话者帮忙叫一下，也可以过后再打。无论如何，都不要忘了说话要客客气气的。

2. 用语言与声调传递感情

拨打电话时，对电话销售员的形象影响最大的，首推他的语言与声调。从总体上讲，打电话时所使用的语言应当简洁明了、文明礼貌。

对方拿起听筒后，应当有礼貌地称呼对方，亲切地问候“你好！”只询问别人，不报出自己是不礼貌的。如果需要讲的内容较长，可以问：“现在与您谈话方便吗？”

打电话时，嘴部与话筒之间应保持 3 厘米左右的距离。这样对方接听电话时，才能听得最清晰。同时，你的声音应当保持柔和清朗，吐字清晰，语速适中，使人感到悦耳舒适，这样才能打动对方。

打错电话时要向对方道歉：“对不起”、“打扰您了”等。不可一言不发，挂断电话了事。

在通话时，若电话中途中断，按礼节应由打电话者再拨一次。拨通以后，须稍做解释，以免对方生疑，以为是打电话者不高兴挂断的。

3. 通话时表现出热情专注的态度

打电话时应站好或坐端正，举止得体。不可坐在桌角上或椅背上，也不可趴着、仰着、斜靠着或者双腿高架着。虽然你打电话时的姿势对方看不见，但不良姿势会影响一个人的情绪和声音，使对方有所察觉。另外，在同事面前，也会有损自己的风度和形象。嘴里千万不要嚼东西，也不要一边打电话，一边同旁人聊天，或一边打电话，一边兼做其他事，给对方心不在焉的感觉。

4. 让你的声调充满笑意

电话销售员应该明白：客户在电话的另一端可以“看”到你的笑容，微笑可以通过电话线传给客户。你的声调有笑意吗？有温暖吗？如果你能把自己的友好与真诚灌进你的声调中去，即使对方看不见你，但是从平和喜乐的语调中也会被你感染，给客户留下极佳的印象。

所以，打电话时第一件事，就是用声调表达出你友好的微笑来。你的声调要充满笑意，甚至要比平时高兴的时候有更多的笑意。

香港电信有很多负责客户服务的技术人员，在电话中处理客户的投诉。一线的技术人员不能解决问题时，问题将被升级，由更资深的技术工程师来解决。香港电信发现，很多在一线得不到解决的问题，其实并非一线的工程师不能解决，而是客户认为这些技术人员的态度不好，才将问题升级。为了解决这个问题，香港电信为每个一线技术人员配了一面镜子，并要求技术人员在打电话前对镜子微笑，然后将这些微笑保持在每一个通话中。此外，管理人员还经常将技术人员的通话录下来，然后放给销售代表听。很快，客户的投诉和升级减少了。另外的一个效果是，技术人员自己也更开心了，因为他们的微笑和热情传递给了客户，客户也以好的态度回应技术支持人员。

5. 礼貌结束通话

当通话结束时，别忘了向对方道一声“再见”，或是“谢谢”、“祝你成功”等恰当的结束语。一般来说，应是打电话的人先挂断电话，接电话的人再放下电话。但是，假如是与上级、长辈、客户等通话，无论你是打电话的人还是接电话的人，都最好让对方先挂断。

销售实训

打电话应遵循同一原则，即达到打电话的目的就可以结束谈话。如果你在电话里喋喋不休，客户可能会有机会提出新的异议，或者给客户增添更多的顾虑，因此，只要目的达成，应即刻结束谈话。

在正常的情况下，一次打电话的时间最好不要超过 3 分钟。每天拨电话时间总和以 2 小时为限。如果打电话时间过长的话，效果不会好。这就要求你的通话内容简明扼要、干脆利索，不要吞吞吐吐、东拉西扯。这种做法，在国外叫做“打电话的 3 分钟原则”。要求打电话的一方要有很强的时间观念，抓住主题，在尽可能短的时间内表达自己的意思。时间过长，造成电话占线，会影响正常的通信。打电话要讲究效率，既节约自己的时间，也不要浪费他人的时间。

控制打电话的时间，从根本上讲是为了关心客户、体谅客户，不要造成客户的不方便，从而维护自己的“电话形象”，达到良好沟通的目的。绝不能只顾自己的利益，不顾他人的利益，这样做的结果最终会损害自己的利益。

实例 70　在 30 秒内抓住客户的注意力

点·睛·提·示

在接通客户电话的 30 秒之内就决定了销售的成败，这是成功电话销售人员共同的经验。

在客户接起电话后，如果你能够用最短的时间引起他的兴趣，让他觉得有必要见你一面，这无疑能增加约见的机会；反之，如果电话销售人员开篇一点儿都吸引不了客户，甚至客户在听你介绍时就心生厌烦情绪，那么你一定得不到客户的约见。来看下面的例子：

张小鹏：“下午好，王经理，我是 ×× 文化公司的推销代表，我叫张小鹏，我们公司刚开发出来一种非常有效的培训课程，这种培训课程对于提高公司员工素质、提高工作效率大有好处。如果您有兴趣，我想与您约个时间仔细谈一谈有关情况。”

王经理：“对不起，我现在很忙，你先把课程简介传真或邮寄给我，我再主动和你联系吧。”

张小鹏：“王经理，我知道您的时间很宝贵，也很忙，即使我现在传真给您，您也可能需要花10分钟的时间来了解。只是一份课程的介绍资料，恐怕难以完整表达出这一培训课程真正的优点，明天我刚好会经过您公司附近，我可以把这些资料亲自送给您了解一下，同时用10分钟的时间向您做一个介绍。您看，明天上午或者下午哪个时间比较方便呢？”

上述这位电话销售人员只经过简短的寒暄便切入正题，介绍自己的产品能给客户带来的利益，这无疑对客户有较大的吸引力。因为潜在客户关心的就是，与电话销售人员见面是否对自己有价值。

销售实训

怎样通过短短30秒的开场白，创造吸引力，让你瞬间在客户心目中产生好感，或者引起客户兴趣呢？下面将提供六种方法供电话销售人员参考：

1. 陈述产品对客户的价值

开场白要达到的主要目的之一就是吸引对方的注意，引起他的兴趣，让他乐于与你在电话中继续交流，而在开场白中陈述价值是吸引客户注意力的常用方法之一。

所谓价值，就是你的产品能够给客户带来的实际好处。研究发现，再没有比价值更能吸引客户注意力的了。陈述价值并不是一件容易的事情，你不仅要对你所销售的产品或服务的普遍价值有研究，还要研究对你这个客户而言，对他的价值在哪里，因为同一产品和服务对不同的人，价值体现是不同的。

2. 使用各种价格优惠来引起客户兴趣

对于针对最终客户的行业，如电信行业、金融行业等，在电话销售中可以使用各种优惠，引发客户兴趣。比如：

电话销售人员：“您好！张先生，我是……公司的……，我知道您的长途话费比较高，如果我们能将您的长途话费降低一半的话，不知您有没有兴趣了解一下？”

客户（当时就来了兴趣）：“好啊，你有什么办法？”

电话销售人员："我们公司IP电话卡在促销，您买500元的IP电话卡，我们送您400元话费，基本上节省了一半。您看，如果您觉得对您有帮助，我什么时候安排人给您送过去？"

可想而知，那位电话销售人员如愿做成了一单生意。这单生意的成功，至少有一半功劳来自于成功的开场白。

类似重点强调价格优惠的开场白还有："最近有一个优惠活动……""免费获得……""您只需要7元钱就可以得到过去需要22元才能获得的服务……"等。

3. 用问题来引起对方的注意

"从您提供的信息上看，您的汽车保险保额为5000元人民币。目前事故的平均修理、理赔费用为9300元，您的保额不够时您是如何打算的呢？"

4. 用类比方式

"胡太太，东安小区有56%的住家安装了防盗报警装置。小区的案发率下降了10个百分点。我相信您对社区安全也同样关注……"

5. 赞美对方

"他们说您在这方面是专家……"

6. 提起他的竞争对手或熟悉的第三方

比如："我们刚与中国银行有过合作，他们认为……"或谈到他熟悉的第三方，如"您的朋友陈达介绍我与您联系……"

当然，还有一个办法是谈到你曾看过的最近有关他们的报道："在网站上看到一篇有关贵公司的新闻，这促使我……"或引起他的担心和忧虑，如"近期有些客户讲接到骚扰电话……"等。

实例 71　电话约访的语言技巧

点·睛·提·示

电话约访是销售人员必须通过的第一关，如果你不能在电话中与客户愉快地交流，不能在初次联系时吸引客户，对方就很难同意与你见面。

尽管很多公司在培训销售人员的时候，会让他们熟记公司总结归纳的电话业务规范，但这只是一个入门，要想成功约见客户，还需要掌握一些行之有效的话术和技巧。下面我们来看一个成功的电话约访案例：

销售员：“您好，是陈总吗？”

客户：“是的。”

销售员：“我是 ××× 的朋友，我叫 ××，是他介绍我认识您的，前几天我们刚通过一个电话，在电话中他说您非常和蔼可亲，非常令人敬佩。他还专门叮嘱我，务必要向您问好。”

客户：“客气了。”

销售员：“实际上我和 ××× 既是朋友关系又是客户关系，一年前他使用了我们的产品之后，公司成本降低了 20%，在验证效果之后他第一个想到的就是您，所以他让我今天务必给您打电话。”

……

我们常说“不看僧面看佛面”，只要你能够找出一些沾亲带故的关系来，不管是校友关系，还是你们有共同的朋友，你和客户之间就近了一层。客户看在情面的份上，一般不会一口回绝，至少会听你把话说完。

除了利用关系约访，销售员还可以利用利益吸引约访，具体如下：

销售员："您好，我是 ×× 公司的 ×××，请问是陈总吗？"

客户："是，你有什么事吗？"

销售员："陈总，是这样，我有一件重要的事想跟您沟通 3 分钟，您现在方便接电话吗？"

客户："你说吧。"

销售员："陈总，我们公司开发研制了一款新型设备 ×××，根据客户跟踪使用统计，可以帮助企业降低生产成本……"

客户："不用了吧，我们有一款差不多的产品。"

销售员："陈总，您可能误解我的意思了，我不是要向您推销什么，只是想跟您认识一下，相信资料里有不少信息会对您的工作非常有益处，也是您非常关心和感兴趣的，您看我是明天还是后天来比较方便呢？"

客户："明天下午吧。"

销售员："好的，陈总，那我们明天下午两点半不见不散。"

司马迁说："天下熙熙，皆为利来；天下攘攘，皆为利往。"芸芸众生，东奔西忙，皆为利来利往。有了利益这个吸引点，那么之后的约访就相对容易，说不定就顺理成章了。

电话约访其实并不难，只要按部就班地进行，保持精神饱满、充满自信，和客户形成良好互动，就可以突破客户的心理防线。

销售实训

那么销售员怎样才能成功地让客户接受约访呢？

1. 要明确电话约访的目的

电话约访的目的是为了约定与客户见面的时间和地点，让客户提前调整工作安排，在他认为比较合适的时间会面。所以在电话约访中，只需简短、有力地讲述你的约访目的，而不要过多提及产品、自己、公司。

记住，你打电话约访的唯一目的是争取面谈机会，并无其他用意，切记不要在电话里展开销售；不要谈与产品有关的任何细节问题，这样会拉长谈话时间，反而影响约访的目的。

2. 熟悉电话约访的步骤并准备好话术

（1）自我介绍。销售员要介绍自己及公司，并询问对方是否方便接电话，例如：“喂，陈总您好，我是泰康人寿的业务主任 ×××，有打扰到您吗？”开篇言语一定要简洁明了，开宗明义，不跟客户绕圈子。

（2）说出打电话的目的。要说出打电话的目的并要求见面拜访，例如：“您是一位成功的企业家，想必您对节税及员工保障福利会很关心，我为许多企业家提供保险理财节税的服务。我对客户的服务就像您对您的客户一样，是建立在相互信任的基础上的，因此非常希望能有机会与您见面。”在这个环节上，注意以客户的利益为谈话重点。

（3）二择一法提出会面要求。电话约访的目的就是约访，因此要尽快直奔主题。“您看周三上午 10 点半还是下午 2 点比较方便呢？”在电话约访过程中，你可以不断重复运用这一方法，直到敲定会面时间为止。

（4）再次要求见面。若客户拒绝，应从容面对并再次要求见面。“我确实了解并且心存感激，很多人都有同样的感受。像您这么成功的企业家，时间是非常宝贵的，我只要求您给我 10 分钟，不会浪费您太多的时间，周三上午 10 点半您方便吗？还是星期三下午 2 点您比较方便呢？”若客户再次拒绝，可以接着再问：“我了解这个时间不是见面的好时机，真的非常感谢您，我把您登录在我的备忘录中，在两个月或三个月后再与您联系好吗？两个月后比较好还是三个月呢？”

不要轻易放弃任何一个约访客户，尽量给自己留下再次约访的机会。

（5）选择最适宜的约访地点。根据约访对象的不同情况，你可以灵活选择以下约访地点：

①客户住所。如果销售的对象是个人或家庭，拜访地点无疑以对方的居所最为适宜。

②客户办公地。如果是向某个单位、集体组织或法人团体销售产品，通常是选择办公室作为造访地点，这时，电话销售员应设法争取客户对自己的注意和兴趣，变被动为主动，争取达成交易。

③气氛轻松的社交场所。许多销售活动往往不是在家里或办公场所完成的，而是在气氛轻松的社交场所，如酒吧、咖啡馆、周末沙龙等。

3. 不要给客户压迫感

你在电话里的语气要客气、语言应简洁明了，不要让对方有受压迫的感觉，这样才可取得客户的信任。因此，你要注意以下几点：

（1）调整好语速。如果你说话速度太快，往往会使对方听不清楚你所讲的内容，也容易给对方留下强迫接受你的观点的感觉。

（2）强调“完全由您来决定……”电话约见的一般目的只是让对方同意你前去约谈，目的不在于做到电话中的销售成功，所以不要向对方强力销售，而是应当再三强调“只是向您介绍一下产品的意义和功用，至于是否购买完全由您自己决定……”以低姿态达到会面的目的。

实例 72　当约访遭遇拒绝时

点·睛·提·示

面对销售人员的约访请求，客户总会以各种借口拒绝，如果不能有效破解，是不可能获得约见机会的，那么销售成功之路也就随之夭折了。

大多数电话销售员都惧怕进行电话约访，其原因只有一个：电话约访容易遭到拒绝。所以，他们空有大量准客户名单却“舍不得”动用。如何客观看待“拒绝”，你可以参考以下几点：

1. 把电话约访作为一种筛选客户的工具

以一位电话销售员在名片中找到了 250 个客户名单为例。如直接上门拜访，一天见六个人，星期六星期天不休息，每次都能顺利地见到客户，也需要一个半月才能把每个人拜访一次。而电话约访就便捷高效得多，因而可以将其作为筛选客户的工具。

2. 要有执著精神和恒心

如果你能让客户感受到你的重视和认真，每一次打电话都会比上一次有更大的进展，最终，总会获得约见的。

3. 电话约访不是学会的，而是“打”会的

你真正需要的是坚持打半个月电话，去适应被拒绝，学会筛选；而后，电话约访将成为你的销售利器，你将永不再为电话约访而烦恼。

4. 拒绝并不代表完全否定

客户的拒绝并非就意味着不可逾越的障碍，只要你对第一反应做出恰当的处理，紧接着就会出现有利于你的第二种反应。

销售实训

对电话约访被拒绝的处理，应遵循下面这个模板：重复、认同、转折、要求。具体地说，对客户提出的拒绝借口，首先应该重复一遍，这样既可以确认客户的拒绝理由，也可以让自己有一个准备的时间来整理自己的回答；然后再对客户的拒绝理由表示某种程度上的认同，接着可以婉转地对客户的拒绝理由做出对自己有利的转折分析，为自己与客户的接触面谈创造理由，最后再向客户提出见面的要求。

下面举一个最常见的例子来说明这一点，当然，在实际工作中，情况往往更为复杂，需要电话销售员修炼自我，提高自己的综合素质，灵活应变，以真诚赢得客户的信任。

陈总：“我对证券投资没什么兴趣！”

销售员：“陈总，您的意思是您对证券投资不感兴趣吗（重复）？其实像您这样事业成功的企业家，怎么可能会对证券投资不感兴趣呢？您做企业不就是在做投资吗？证券投资其实也就是一种投资嘛！您的好朋友王小华先生一开始也和您一样（认同），但他看到我们的材料后，认为很有价值，也给他带来了很多的机会。所以，他嘱咐我一定要把这些资料给您拿过去，看看会对您的事业发展有什么帮助（转折）。陈总，您看明天或者后天什么时候方便，我来拜访您（要求）？”

实例 73　电话催账的语言技巧

点·睛·提·示

销售员如果希望电话催账次次奏效，那就一定要特别注意说话的方式方法和礼仪问题，因为双方对话交流的好坏将直接影响催账的效果。话说得好，口齿留香，有利于收款。别用指责式的话来要债，多给对方表达、陈述和说明的机会。

有一位客户欠公司 10 万元的账款长期不还，曾有多位销售员前去索要未果。后来公司新来了一位销售员，催账结果发生了变化，让我们看看他电话催款时的说法：

“我知道，你们现在的状况不是很好。我不会逼你关门大吉，那只会结束我们的关系，我是想跟你们长期合作的。

“你应付款总数是 10 万元，我知道你现在没有办法全部付清。不过我们还有其他的办法，可以让你又付款、又能继续做生意。第一个办法是你每个月付 1 万元，付 10 个月，不加利息。这样，不会影响你每个月的现金周转。

“还有一个办法。如果你觉得比较方便的话，这一季你可以先还 4 万元，其他 6 万元分两季付完。那样你的时间比较充裕，可以事先计划好一切。

“要不你也可以先付 5 万元，然后再每个月付 5000，付 10 个月，头一笔款虽然重一点，不过以后你的负担就轻松多了，这也有好处。

“陈先生，我想只有你对自己的情况最清楚，上面这几个方案中哪一个对你最方便呢？请你告诉我。”

让客户选择自己的还债计划，等于邀请他参与设计他自己的命运。只要对方感觉到对自己的命运有自主权，愿意根据自身条件挑选付款方案，销售员拿回钱的机会就大多了。

电话是做催收工作时最有用、最经济的利器。这项工具可以帮你了解问题的症结所在，帮你找到对方为什么不结清旧欠的原因。打催款电话，有些技巧非学会不可，诸如别闲话家常，勿起争执，带着微笑打电话，审慎使用你的词汇，小心措词。最重要的是要像心理医生一样，冷静而专业地找出问题，当机立断，突破心防，让债务人觉得你在全心全意处理他的问题，并少说多听，千万不要和债务人起争执，而要关心客户。

催账高手常说："口为祸福关，成败常在乎一张口的开与闭。嘴角上扬的人，一生多福气。"这句话用在电话催账的场合里，特别适用。

不知道你在打催账电话时，有没有注意到自己的"嘴角上扬"，还是"嘴角下垂"？你有没有面带微笑讲话？

催账人员可以在电话机前面或旁边贴个"笑脸"的标志，并写上"微笑"两个字，时时刻刻提醒自己"面带微笑"，把自己的"善意、诚意和敬意"透过看不见的电话光纤，让对方感受到。

有位催账专家说："电话催账最前面的几句话都应带着微笑致意。我的方法就是这样。用微笑可以避免所有或至少90%问题的发生。"

看到这里你或许会疑惑："爱说笑，这太容易了吧，不可能一微笑就能解决问题——把钱收回来！"事实正是如此，不容置疑，所有催账绩效卓著的人都明白：解决问题的最好方法，就是一开始时就防患于未然。而真心的微笑，让别人可以从你的声音中听出来的微笑，是最棒、最神奇的见面礼。事先销售自己，在一定程度上可以避免问题的发生。

电话催账还有哪些礼仪要求呢？

1. 避免贬损对方，抬高自己

当谈到清理债务的方法时，避免使用"我是债权人，你是债务人"、"依法依理都应该马上结清"等太直接、太强势的语气，当然，同时也要避免恶语相加、得理不饶人等大声说话的表达方法。

2. 讲究对话交流的基本礼貌

得宜合体，受人欢迎的对话，可以避免不必要的争吵，有助于债权债务问题的解决，并确保双方良好的人际关系。

销售实训

销售员如果希望自己的催账电话有所收获，就必须有应对任何借口的心理准备。首先，你要能分辨对方的答复是事实还是托辞，如果只是借口，你就要想办法解决。

当碰到对方提出借口时，缺乏训练的销售员通常不知如何反应才好，只好说："哦，好，我会注意这个星期的邮件。"大概两个星期之后，你终于感到支票是等不到了，只得鼓起勇气再打电话。打了好几个电话都找不到人，好不容易接通了，你听到对方夸张地叫道："真糟糕，我们的电脑坏了……""哎呀呀，说来你也许不信，可是我们的会计整个星期都请假，所以没法开支票。"

应对电话那头千奇百怪的借口有一个简单有效的办法。首先，你到文具店去买一盒名片大小的空白卡片。再买一本塑料套子的相册装这些卡片。回到办公室后，把你想得到的、遇到过的每种借口登记在卡片上，也可以问同事们还听过什么借口，然后集思广益，针对每个借口想出一两个可以判别真假的问题，把这些问题写在每一个借口下面。下一次你在电话上碰到一个听过的借口时，立刻提出里面列出的问题。

"支票已经寄出去了？哦，太谢谢了。请你告诉我支票号码和寄出来的日期好吗？这样我就可以留心查收，不必再麻烦你。是不是请你现在查一下，我等你。"

"我们的会计病了一个星期。"

"真是遗憾，他的心情一定很不好。请问他住哪一家医院？我想寄张慰问卡给他。"（万一他真的在医院，你寄这么一张慰问卡，保证他一回来马上付清你的账款。）

"哦，他没有住院，那他请多长时间病假？他不在时谁代理他的工作呢？"

"银行弄错了我们的账目。"

"哎呀，这真够你们麻烦的！我一向觉得只要多打几个电话过去，银行的办事效率就会高一点。我会告诉他们，这件事对我们也非常重要。你们往来的银行是哪一家？是谁负责你们的账？"

“这笔款项已经拨下来，就等着送出去了。”

“哦，太好了。不知道贵公司具体交给谁经办的，麻烦你告诉我，我自己直接和他联系。”

“我们的公司正在搬家，所有的东西都装箱了。”

“那你们恐怕还要整理上好些天，下个星期我再打电话来提醒你好了，到时我会派个人到你们公司去拿支票。对了，你们决定哪一天搬？”

第八章　避开“雷区”
——销售应避免的说话方式

实例 74　不使用消极语言

点·睛·提·示

消极的语言带来消极的行动。

如果专业高尔夫球员用球杆、网球运动员用球拍、木匠用铁槌，那么我们专业销售员用什么？我们用的是一些总是给自己造成困扰的东西，不是吗？有没有高尔夫球员不曾用他的那根球杆而把球打进沙坑陷阱？有没有网球员不曾用他的球拍打飞了一球而让对手得胜？有没有一个木匠不曾用他的铁槌不小心槌打了自己的拇指？有没有销售员不曾因说话不当而失去客户？

所以，作为一名销售员，你要把你的嘴巴当做一件利器，既然是利器，就会伤人。一名伟大的销售员必须正确使用这把利器，让它产生正面的而非消极的伤害性的效用。

销售员张帆有一家北京客户，前期的产品试样已经比较好，也给客户报了价，第一次报价比较高，也准备做一些让步。但是出于一些考虑，销售员张帆当时没有表态。应该说，碰上这种情形客户对销售员的印象就不是很好，他们中的一些人可能不喜欢拉锯式的讨价还价，更能接受一步到位。

想到客户可能因此而放弃和自己的公司合作，于是到了晚上，销售员张帆决定请客户方的采购主管吃饭，有一个细节让客户感觉很不好。销售员张帆在见到客户后，说去取一点钱，也顺便给客户买了一点东西，让客户感觉准备不充分，对他尊重不够。

最重要的一点教训就是，张帆晚上也喝了比较多的酒，因为不胜酒力，酒多话就多，张帆开始向客户抱怨自己工作的不如意，老板对自己不厚道等。客户在吃饭时数次指出其太悲观，说话啰唆，张帆都没能很好地注意。客户在聊了一会儿后说不谈工作，只喝酒，张帆也没有很好体会客户的情绪变化，继续大谈工作，大谈生活的艰辛，并问起客户年龄，居然把他的年龄说大了。客户说北京的房价太高，那么很可能就是客户还没买房，张帆也根据自己想象认为客户已经买房了，就说价格高一些也无妨，还说起自己的房子当时买得很便宜……

结果，销售员张帆的这次请客不但没有起到自己想要的效果，反而让客户更加坚定了放弃合作的想法：和这样消极而悲观的人打交道，你能希望他给你带来什么好的效益？

销售实训

看了上面销售员张帆的教训，我们应该在和客户沟通的过程中如何避免消极的悲观言辞呢？对此，销售员应该有意识地强化自己不要对客户说一些“不中听”的话：

1．不说批评性话语

这是许多销售员的通病，有时讲话不经过大脑，脱口而出伤了别人，自己还不觉得。比如，见了客户第一句话便说“你家这楼真难爬！”“这件衣服不好看，一点都不适合你！”“这茶真难喝！”再不就是“你这张名片真老土！”“活着不如死了值钱！”这些脱口而出的话语里包含批评，虽然我们是无心去批评指责，只是想有一个开场白，而在客户听起来，感觉就不太舒服了。

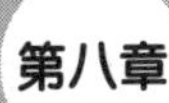

2. 别说诉苦的话

有些人总是愁眉苦脸地逢人便诉苦。诉说自己的委屈和种种不幸。果真不幸，倒也能引起同情，若是将睚眦之怒，小不如意也当做不幸，面谈时逢人诉苦，只会引起客户的轻视。没有人喜欢和心胸狭隘、斤斤计较、对恩怨得失终日耿耿于怀的人打交道。

3. 回避不雅之言

每个人都希望与有涵养、有层次的人在一起，相反，不愿与那些“粗口成章”的人交往。同样，在我们销售中，不雅之言，对我们销售产品，必将带来负面影响。比如，我们推销寿险时，你最好回避“死亡”、“没命了”“完蛋了”，诸如此类的词汇。有经验的推销员，往往会以委婉的话来表达这些敏感的词。不雅之言，对于个人形象会大打折扣，是销售过程中必须避免的，注意了、改过了，你便成功在望了！

实例 75　不要在客户面前喋喋不休

点·睛·提·示

销售工作是销售员与客户双向沟通的过程，如果你总喋喋不休而不给客户谈话的机会，销售员就无法了解客户的真实想法，也就无法推荐合适的产品。

喋喋不休、夸夸其谈是销售员在接近客户的过程中最容易犯的一个错误，同时也是销售的大忌。通用电气公司的一位副总经理曾说：“在代理商会议上，大家投票选出导致销售员交易失败的原因，结果现场有 314 人——也就是一多半的人认为，最大的原因在于销售员喋喋不休，这是一个值得注意的结果。”

销售员："下午好，先生，我是 ×× 文化公司的销售代表，我们公司刚开发出一种非常有效的培训课程，这种培训课程对于提高公司员工的素质、提高工作效率大有好处。如果您有兴趣，我想与您约个时间仔细谈一谈有关情况。"

客户："我有事，较忙。"

销售员："我知道您很忙，因为课程的介绍资料并不能完整地表达出我们课程真正的优点，今天我刚好经过您公司附近，想把这些资料亲自送到贵公司，只需要占用您 10 分钟的时间来向您做一个介绍。我想这或许才是最节省您时间的方式。"

客户："对不起，我现在很忙，你先把课程简介放这儿吧，我再和你联系。"

销售员："我可以给您做一个介绍。"

客户："你说得还不够多吗？一会儿我将有个部门会议要开，有个年度计划要做，抽空还要去见我的上司，他正有一肚子的指责准备送给我，而我手下的人呢？人心涣散，互相推脱责任。好了，你还站在这儿干吗？走吧！"

销售员被客户的这种激动的言辞吓呆了，匆匆拿起自己的东西走了。

上述这位销售员犯的最大错误就是：不顾客户的感受，一味喋喋不休地发表自己的观点。销售活动并不是"独角戏"，它是一定要与客户互动才能产生良好效果的。当销售员滔滔不绝地向客户推销自己的产品时，许多客户会想："他会不会欺骗我？是不是他的产品质量有什么问题？要不为什么会急于卖给我？"所以，对于销售员来说，如果喋喋不休，就很容易让客户产生疑问和反感，从而失去推销的时机。

喋喋不休会让客户感觉到不被尊重。销售员在向客户推销产品时，不给客户说话和表达感受的机会，也会使客户有一种被拒绝的感受。这样就会引起客户的不满，因为他们觉得自己的时间没有被人珍惜，自己也没有被人尊重。

销售员与客户沟通时，最重要的事情是了解客户的思想、需求、愿望、不满和抱怨，甚至客户的气质、爱好及家庭等重要信息，从而有针对性地与客户沟通，进而进行商品的推销。如果销售员在与客户的交谈中只顾自己夸夸其谈，就会造成客户没机会去向销售员传递相关信息，因为销售员占用了绝大部分时间。而销售员不明白客户的真正需求，就不能够及时地调整自己的推销策略，最终就会失去成交的机会。

销售实训

那么，销售员怎么来克服喋喋不休、夸夸其谈的毛病呢?

1. 明确目的，让推销更有针对性

明确的洽谈目标、洽谈方案和思路，适宜的说服方式，是销售员在推销过程的各阶段都要明确的要素。如果这些要素是模糊的，销售员不知道自己的目标，就不会明确自己在与客户交谈中应该说些什么，但又怕冷场，于是便没话找话、夸夸其谈，结果废话越来越多，最终引起客户的不满。所以，在拜访客户前列出自己的计划、目标，便于销售员在谈话中有重点、有条理地说明自己的意图，同时也有助于销售员克服喋喋不休的毛病。

2. 多观察，留意客户传递的信息

一个优秀的销售员会在沟通的过程中仔细观察客户的表情、态度、举止行为和所处的环境，从而掌握客户的内心世界，从中找出沟通的话题及交谈重点，然后再配合有针对性的语言去说服，打消顾客的顾虑，掌握洽谈的主动权，轻松地对顾客进行引导。实际上，销售员应在沟通中主动收集顾客的信息，这样做不仅有利于避免把时间和精力都花费在喋喋不休的说服中，还能进一步了解客户。

3. 用心倾听客户的谈话

对于销售员来说，用心倾听别人的谈话是一门必修课，这不仅是对客户的尊重，也可以给自己更多的思考时间。所以，销售员必须记住，和客户的交谈不是演讲，不能多说少听甚至只说不听。不注意倾听客户的谈话，销售员便无法了解客户的需求，不能有针对性地提出对策，也就不能从中找出有利于成交的时机，从而导致沟通的失败。

4. 动手进行示范，利用辅助工具进行介绍

如果有条件，销售员可以通过现场演示的方式来向客户介绍产品。在动手进行示范时，销售员可以通过向客户展示产品来更好地调整自己的思绪，一步一步正确引导客户，这样也就避免了销售员在推销过程中思路混乱、废话连篇。

另外，在推销中，销售员可以辅以各种可利用的工具，如图文资料、资历证明、成功的合作伙伴名单等。利用这些辅助工具，既可以省去销售员自己解说的麻烦，也减少了喋喋不休的可能性。

实例 76 不要唐突打断客户的话

在与客户的面谈过程中，认真倾听比说话更重要。销售人员应将主要精力用在倾听客户的讲话上，而频繁插话打断客户，既是对客户的不尊重，也会影响你做出正确的判断和回应。可以说，这是销售面谈的大忌，它可能直接导致销售的失败。

听客户谈话就要让客户把话讲完，即使客户的意见不是正确的或不符合实际情况也要听下去，千万不要在他讲得正起劲的时候，贸然插嘴打断他。

推销员：“××先生，通过观察贵厂的情况，我发现你们自己维修花的钱比雇用我们干还要多，是这样吧？”

客户：“我也认为我们自己干不太划算，我承认你们的服务不错，但你们毕竟缺乏电子方面的……”

推销员：“对不起，请允许我插一句……有一点我想说明一下，任何人都不是天才，修理汽车需要特殊的设备和材料，比如真空泵、钻孔机、曲轴……”

客户：“是的，不过，你误解了我的意思，我想说的是……”

推销员：“我明白您的意思，就算您的部下绝顶聪明，也不能在没有专用设备的条件下干出有水平的活来……”

客户：“但你还没有弄清我的意思，现在我们负责维修的伙计是……”

推销员：“现在等一下，××先生，只等一分钟，我说一句话，如果您认为……”

客户：“你现在可以走了。”

上述案例中，推销员几次三番打断客户的述说，既不符合社交礼仪，也犯了推销中的大忌。如果采用上述这种对话方式，推销是根本没有希望的。

让客户充分表达异议，即使你知道他下一句要说什么，也不要试图打断他。对客户要有礼，要认真听他说，尽力做出反应，给予巧妙的而非狡诈、装腔作势的回答。没有一个客户会喜欢自作聪明的推销员，除非推销员表现出对客户及其问题有兴趣，否则他永远不会赢得客户的信任。

销售人员在运用认真倾听法时，要注意，认真倾听并不是一味地听客户说，而不做出任何反应。最好的倾听是在客户讲话时认真倾听，对客户说的话做出回应。例如，点头赞成客户观点，用“嗯”、“是的”、“您说得对”等简单的词语应和客户，并形成“乒乓效应”。这里的“乒乓效应”是指销售人员要适时提出关键问题或意见、感想，以配合客户的表达。

另外，销售人员还要明白：在没有准确把握客户的真实意图时，有必要在客户谈话暂告一段落时，迅速提出疑问，而不是让问题越积越多。这一点与不打断客户的准则丝毫不冲突。

销售实训

虽然唐突地打断客户讲话是十分不礼貌的行为，但是，交谈是双方的事情，良好的沟通关键在于双方要有恰当的互动，一味地听对方讲，自己一言不发既不礼貌，也不明智。那么，在与客户交谈时，如何才能做到既有效互动，又不失礼仪呢？

1. 插话前礼貌先行

销售人员如果有急事需要打断客户谈话，或是确实想对客户所说的话表达自己的不同见解，可以礼貌地向对方示意有话要讲，并且礼貌地说：“请允许我补充一点。”然后再“插嘴”。不过“插嘴”时间不宜过长、次数不宜过多，免得打断客户的思路。

2. 插话时可复述对方的话语

当销售人员倾听客户讲话时，有必要打断一下时，可以通过重复他刚才说的话的方式来进行。这样一来可以让他觉得，你是在认真地听他说，并且理解了他的意思，从而对你产生好感；二来他觉得你可能有更好的建议要讲，所以就不会责怪你打断他的谈话。

比如，你可以这样说："正如您所说的，将供货时间调整到每个月初的确是个不错的建议。"就像这样，你只要把你觉得对方说得正确的地方复述出来，再加上你的观点，对方就一定会很乐意听，并不认为你是在无礼地打断他。

3. 合理地利用肢体语言来"插话"

当你不方便直截了当地打断对方的谈话时，不妨就用一些肢体语言来表达你的想法。比如，点头表示赞同，摇头表示反对，皱眉则表示他说的不对或者有问题……不过，正因为肢体语言意义丰富，所以在倾听对方说话时不要随便变化表情或者做出一些小动作，如打哈欠、不停地看表、伸懒腰等，这些都是对说话人的不礼貌，也会让对方对你产生反感。

4. 通过提问来插话

不要怕打断对方，而放弃了发问的机会。有了不懂的问题，就要及时地提出来，这样客户不仅不会责怪你，而且会感激你，因为你的提问可以让他的谈话变得更加完美。不过，在提问时要讲究技巧，一定要围绕他讲的主题进行提问，否则，对方会觉得你是在故意打岔，不让他说下去。

实例 77　不要直接指责客户的错误

点·睛·提·示

作为销售人员，永远不要直接指责客户的错误，而应很有涵养地间接暗示对方，以保全客户的自尊，使客户心存感激，这种感激往往也就成为销售的突破口。

人际交往中，你对别人伶牙俐齿，别人势必对你以牙还牙；你以揭别人伤疤为乐，别人肯定要加倍跟你捣乱。要想在销售圈子里有良好的客户关系，千万不能让自己嘴头的利刺伤到客户，要给客户留足面子，客户才会为你搭台。

王娜是一位保险销售员，有一位客户在购买了王娜销售的一份意外伤害保险后，忘记了取回一张非常重要的单据。而王娜在交给这位客户一叠材料的时候，已经把所有的单据都帮他整理好了，可是这位客户在王娜的办公室看完后遗漏了这张单据，于是，这张重要的单据就隐藏在王娜存有一堆客户资料的文件夹里，之后被束之高阁了。

三个月之后的一天，这位客户在外出旅游时不慎摔伤，当他找到保险公司要求赔偿的时候，保险公司要他提供两张证明，否则不予赔偿，其中就有他遗忘的那张单据。

其实，在这种情况下，王娜没有任何责任，她也不知道那张要命的单据就在她这里。当那位客户找到王娜的时候，王娜迅速和他一起寻找那张单据，她帮助客户仔细地回忆了存放单据的每一个细节，但始终找不出单据的下落。后来，王娜把存放客户资料的文件夹取出来进行查找，当客户看到那张单据的时候，埋怨她不负责任，而王娜却真诚地说：“真对不起，是我工作的失职，没有提醒您取走这张重要的单据，差点就耽误了您的事情。”

经过了这件事情以后，王娜不但没有失去这位客户，反而赢得了这位客户的信任。后来，他还为王娜介绍了很多新客户。

就这件事情本身而言，显然客户是错的，是客户自己忘记拿走那张重要的单据，王娜可以理直气壮地说明情况，如果这样做，能说王娜错了吗？但她并没有这样做，在为客户找单据的同时，不仅没有当场指责客户的错误，甚至将客户的错误主动地揽到自己的身上。试想，客户错了的时候你据理力争，把客户说得哑口无言，即使客户认识到是自己的错误，心里会舒服吗？心中不悦便不会再来，其结果是你做得再对，最终失去的是客户。然而，如果销售员都像王娜一样，抱着尊重客户的态度，抱着“客户永远是对的”这样一种理念，以理解的方式处理客户遇到的所有问题，甚至主动把错误揽到自己的身上，达到让每一位客户满意，则无疑又是另外一种结果。

在销售中，我们总是希望迅速有效地改变客户的态度，但方法一定不能简单。客户犯错误时，你千万不能直接指出其错误，而要采取尊重客户的做法，间接地暗示他，让他心里清楚你是尊重他、理解他的，所以没有当场揭穿他的错误，而是很有涵养地间接暗示他，保全了他的自尊。这样他在羞愧之余就会存有一点感激，这种感激往往也就成了销售的突破口，从而使销售一举成功。

美国政治家本杰明·富兰克林年轻时喜爱辩论，尤其是对于别人的错误，更是不能容忍，总是穷追到底。一日，他的一位朋友，突然把他拉到一旁，狠狠教训了他一顿，并带给了他改变一生的启示，当时教训他的内容大致是这样的："本杰明！你这人真是不可理喻，当你提出与人相左的意见时，措辞总是那么强硬，这种话别人是听不进去的。有朝一日，你的朋友都将离你而去，不愿意再与你为伍。事实上，你懂的确实很多，别人根本无法辩赢你，他们更懒得与你交谈。如此一来，你的知识永远都将止于你个人所学，不懂得集思广益，最后你将会变得非常贫乏空洞。"富兰克林冷静地反思了自己的看法为什么常常不能被人接受后，顿悟了。他接受了朋友的训诫，并立即痛改前非，开始着手改变自己。

"我自己定了一个规则，"富兰克林后来在传记中说，"永远不正面违拗别人的意见，同时也绝不固执己见。我甚至不允许自己使用任何过于激烈的言辞，如'绝对'、'毋庸置疑'、'千真万确'等，而只用'我想'、'据我理解'、'我推测'等较缓和的语气来陈述自己的意见。当别人发表了我认为不对的论点时，我第一个反应就是先制止自己当面反驳的冲动，然后才举出对方论点中一些值得商榷的地方。我会说他的论点在某些特定场合可能正确，但却不能适用于眼前的状况。很快地，我就感受到这种态度转变所带来的好处。我现在与人交换意见时，气氛变得比以往融洽许多，我提出意见时的态度越谦和，得到的反对意见就越少，同时也变得较易规劝别人放弃错误的成见，接受正确的建议。这种做法，刚开始的时候确实非常艰难，很难控制得十全十美，但久而久之，就习惯成自然，变得得心应手了许多。"正是这种转变，使富兰克林在选举时受到了普遍的支持，从而走上了坦荡的政治仕途之路。

销售实训

无论你用什么方式，例如用眼神、声调，或是手势，甚至用柏拉图或康德的哲学逻辑理论当面指责批评客户的错误，你以为他会同意你的观点吗？绝对不会！因为你不仅直接打击了他的智慧、他的判断力、他的自尊，还伤害了他的感情。

所以销售员不要动辄就扬言“我要证明给你看”，这相当于向客户表明“我比你聪明，我要让你改变想法”。这种做法实际上是在加剧矛盾，无疑会引起对方的反感并导致一场冲突。如此一来，要想改变对方的观点根本就不可能。因此，千万不要给自己找麻烦。如果你想证明什么，别让任何人知道，最好不动声色，努力去做就好了。正如诗人波普所言：你在教人的时候，要好像若无其事一样。事情要不知不觉地提出来，好像被人遗忘了一样。

实例 78 不与客户争口头上的胜利

点·睛·提·示

不管客户如何批评你，永远不要与客户争辩，因为，争辩不是说服客户的好方法。

销售人员应该清醒地认识到，遇到与客户有争议的情况时，无论客户是对的还是错的，你都不能够和他争执，客户永远是对的，尽管事实上他可能不对。但你得谨记，你的工作是销售，而不是争辩。

一句销售行话是：“占争论的便宜越多，吃销售的亏越大。”因为，如果你与客户争辩，赢了争执，你就会失了生意。所以，对于销售员而言，最好的办法就是不与客户进行争论。

亚力森是美国一家电器公司的销售员，他费了很大劲才向一家大工厂销售了两台发动机。他想再卖给他们几台发动机，因此几天后又去找那家工厂的总工程师。没想到那位工程师说：“亚力森，我不能再从你们公司购买发动机了，因为你们公司的发动机太不理想了！”

亚力森大吃一惊，问：“为什么？”

“因为你们的发动机太热了，热得连手都不能放上去。”

亚力森知道，跟客户争辩是不会有好处的，于是急忙采取另一种策略。他说：“史密斯先生，我想您说的是对的。发动机发热过高，谁都不愿意再买。发动机是发热的，它的热度不应该超过全国电工协会的标准，是吗？”

“是的。”亚力森得到了第一个“是”。

“按照标准，发动机可以比室内温度高出华氏72度，是吗？”

“是的。但你们的产品却比这高出许多。”亚力森又得到了第二个“是”。

亚力森没有争辩，只是继续问道：“那你们车间有多热呢？”

“大约华氏75度。”

“这么说来，车间是75度，加上发动机应有的72度，一共是147度。您即使把手放在147华氏度的热水龙头上，也一定很烫手，是吗？”

亚力森得到了第三个“是”。紧接着他提议说：“那么，您以后不要摸发动机了。放心，147度完全是正常的。”

“嗯，我想你说得没错。”工程师赞赏地笑起来，他马上把秘书叫来，为下一个月开了一张价值35000美元的订单。

亚力森后来对他的同行说：“我费了多年工夫，在生意上损失了无数后才懂得，与客户争辩是不行的。对我们而言，最好能避免同客户进行正面交锋；而从侧面进行软进攻，有时反倒能取得意料不到的效果。”

销售过程中，对于那些过于敏感的客户，你要尽量避免直接或间接对他们做出可能引起争辩的评语，即使如“有点”、“可能”这类有所保留的语气，都会让他们心乱如麻，因此言谈时慎选你的用词，指出事实就好。尤其要让他们了解你只是针对事情本身提出意见而不是在对他们做人身攻击。针对他们过度的反应，你不要也跟着乱了手脚急于辩解，那可能会越描越黑，只要重申事情本身就好。提出意见时也同时指出他们的观点正确的一面，以及表现出色的地方，以建立他们的自信心。

假如已经有了要争辩的苗头，不管客户说什么，你只要点头、微笑即可。客户喜欢和与自己英雄所见略同的人打交道，他们不喜欢和爱抬杠的人相处，甚至当客户明显犯错时，他还是讨厌销售人员把他的问题揪出来。销售人员要努力把眼光放在建立关系上面，以建立关系的利益来考量。

对于一些“为反对而反对”或“只是想表现自己的看法高人一等”的客户，

若是你认真地处理，不但费时，还有可能旁生枝节。客户提出一些反对意见，并不是真的想要获得解决或与你讨论，你只要面带笑容地同意他就好了。要让客户满足表达的欲望，然后迅速地引开话题。

人有一个通病，不管有理没理，当自己的意见被别人直接反驳时，内心总是不痛快，甚至会被激怒。心理学家指出，用批评的方法不能改变别人的观点，而只会引起反感，批评所引起的愤怒常常导致人际关系的恶化。不要对客户的反对意见完全否定，不管是否在议论上获胜，都会对客户的自尊造成伤害，如此要成功地商洽是不可能的。屡次正面反驳客户，会让客户恼羞成怒，就算你说得都对，也没有恶意，还是会引起客户的反感，因此，销售人员最好不要开门见山地直接提出反对意见，要给客户留"面子"。

销售实训

争辩是说服客户的大忌。有人统计了 2461 种销售失败的实例，在导致失败的原因中，由争辩引起的失败率高居第一位。为了避免争论，销售员应做到以下几点：

（1）销售员应时刻想着与提出借口的客户——可能的买主合作，而不是与他们抗争，你们是同盟而不是敌人，这样才能保持与客户的友好关系，客户也会产生同样的情感。要让客户经过自身的思考做出购买决定，而不是被迫的。

（2）销售不是澄清事实的讨论会，而是在于提供产品和服务，满足需求。

（3）销售员要锻炼自己的忍受能力。不管客户怎样反驳你，怎样与你针锋相对，怎样一个劲地想与你争辩，怎样残酷地辱骂你，都要忍受，不要争吵。

（4）销售员要讲究说服艺术，用启发代替争辩。一位著名的散文家说："不要争论，要启发，一吨重的争论只值一克重的启发，你启发我的目的是要我慢慢形成自己的结论，你与我争吵的目的是强迫我形成你的结论，而你希望的是将你的结论变作我的结论，那就巧妙地引导我做出你想让我做出的决定吧！不要逼我，当你在争论中以事实、数字和逻辑击败我时，我会说你是正确的，但第二天我就会变卦。但是，如果你能以高明的手段启发我，最后让我自己说服自己，那么，当你拿出一份合同放在我面前，递给我一支笔，说'请在这儿签字吧'，我就会签字的。"

（5）销售员在说话时要善于运用防止引起争辩的语言。

实例 79　拒绝客户不能冷冰冰

点·睛·提·示

有时候，拒绝也是一门艺术。

销售中有时是你提出的要求被客户拒绝，有时你又不得不拒绝客户，尤其是当客户提出了过分的要求或者你不能满足客户所要求的服务时。

那么销售员遇到这种情况时，如何既要客户接受你的意见，又不伤害他的自尊心呢？这就需要“婉拒”，即委婉地加以拒绝。婉拒既不伤害客户，又不影响合作进程，还能使你轻松愉快地说出“不”字，也使对方高高兴兴地接受“不”字。

一般而言，婉拒有以下几种常用方法：

1. 假托直言

在拒绝客户的一些不合理要求时，采取假托原因作为借口而加以拒绝，这样对方就容易接受。例如，客户因为超额完成指标提出想要额外的销售奖励，可你无法答应他，你可以很有礼貌地说：“我们公司的销售政策您应该很清楚。就在前几天，有一位购买量很高的客户提出与您同样的要求，也是因为超过我们公司底线没有获准。”

2. 幽默拒绝

通过轻松、诙谐的话语，让客户听出弦外之音，避免直接拒绝造成对方难堪和不快。例如：“如果您坚持这个价格，那一定要为我们准备好过冬的衣服和食物，因为你们总不会忍心让我们饿着肚子，瑟瑟发抖地为你们服务吧！”

3. 移花接木

当你无法满足客户的条件时，可委婉设置双方无法跨越的障碍，既表达了拒绝之意，也能得到对方的谅解。例如：“很抱歉，您的报价超出我们的承受能力，除非我们采用劣质原料使生产成本降低50%才能满足你们的价位。”“如果法律允许的话，我们同意。”

4. 以退为进

当客户以产品或服务的某处不足为由，要求你在价格上让步时，你可以先肯定对方意见中彼此同意的非实质性内容，与客户产生共鸣，再借机顺势表达自己不同的看法。例如：“正如您所说，我们产品的知名度的确不高，那是因为我们没有在广告宣传上投入太多，我们的大部分资金都被用在产品研发上，毕竟企业的真正知名度来源于客户对产品质量的认可。我们产品的质量和功能总是走在行业的最前沿，要不是这样，您也不会放心与我们合作了！”

5. 坦白

如果觉得客户的要求实在是无理取闹，你可以向客户坦白你们的成本和利润空间，以证明你的报价是合理的。例如：“这个价格我们真的没赚您多少，虽然咱们是第一次合作，您对我还不了解，但我还想长期和您合作呢，要是把您给得罪了，我不是因小失大吗？不信我给您算算我们的成本……”

或者说：“这个价格我们真的没赚您多少，咱们又不是第一次打交道了，我不会向您要高价的。不信我给您算算我们的成本……”

不过，这只能是万不得已时而为之的下策，一旦你把话说到了这份上就失去了回旋的余地，客户要么接受，要么拒绝。

6. 迂回补偿

谈判中仅靠以理服人、以情动人是不够的，毕竟客户最关心的还是自己的切身利益。如果你无法满足客户这方面的要求，可以在自己能力所及的范围内，通过其他方式对客户进行补偿。例如：“我们的价格比同类产品略高，是因为我们的原料和生产线都是进口的，相对来说成本稍高，在价格上我们实在不能再降了，不过，我们可以每年为机器进行两次免费的保养维护，解除您的后顾之忧，您意下如何？”

销售实训

总之，当客户的要求超出你能接受的范围时，你不能直截了当、义正词严地拒绝，这样就会让客户很没面子，本来已有结果的谈判或许会由此破裂。如果你想拒绝客户后仍能维持原来的关系，那就需要“有话好好说”。

拒绝客户的要求并不是硬邦邦地一口回绝或干脆不理睬客户，而是需要一定的技巧。比如说，明确地、诚恳地告诉客户你拒绝的理由，希望客户能体谅你。这样，通情达理的客户是不会为难你的，反而会为你的坦率所感动。你也可以找一个委婉一点的借口拒绝客户。这么做既能让客户明白你的立场，又能充分保全客户的面子。拒绝客户的技巧如果能运用得当，反而可以促进你和客户之间的关系。一般来说，拒绝客户要把握以下五条规则：

规则一：不要把责任推到客户身上。

规则二：不要伤害客户的自尊心。

规则三：解释你的理由。

规则四：坚决果断，不可游移。

规则五：让客户明白你对不能答应的事情感到很遗憾。

在拒绝客户时，你要十分注意客户的感受，并在处理事情时把这点考虑进去。不要贸然行动而让客户怨恨你、轻视你。通常，在你认为需要照顾客户的感受时，可以设想如果自己站在他们的立场时，会怎么做。如果你不再揣测客户的感受，客户就会对你失去信心，他们会因为你拒绝他们而觉得受到了伤害，有时候在极端的情况下，他们会觉得被你欺骗而怨恨你。你要运用拒绝的技巧，不要伤害客户的自尊心，不要使客户感到屈辱。你一面要说“不”，一面仍要使他对你保持好感，这就需要让他明白你对拒绝他的要求是很引以为憾的，让他明白你的拒绝是出于不得已，让他明白如果他处在你这个位置，也会这样做。

无论你拒绝客户的是什么事，态度都是最重要的。销售员在拒绝客户时既要注意尽量减少拒绝产生的负面效应，又要秉持理直气“和”的原则，做到不伤客户自尊，又能婉转而温和地拒绝。只要你是真心地说“不”，客户一定会体谅你的苦衷。

实例80 不给客户开空头支票

点·睛·提·示

信用像玻璃一样脆弱，坏了将无法修复。一个人一旦失信于人一次，别人就不愿意继续与之交往。每个人都乐意与有信用的人交往。

千里之堤，溃于蚁穴。要做一个守信的人，就不能够轻易许下无法兑现的诺言。所以，华盛顿感言：“自己不能胜任的事情，切莫轻易答应别人；一旦答应别人，就必须实践自己的诺言。”

王刚是一家印刷企业的销售员，虽然年纪轻但工作能力很强，刚到公司的第一个月就签到了三张大单，这使得老板对他格外器重，第三个月就将他升到了业务副主任的位置。可是，过了一段时间，王刚的业绩却大不如前，老板很奇怪，暗中一观察，发现情况是这样的：

王刚每次都能与客户顺利沟通，到最后交易阶段，都会拍着胸脯告诉客户公司绝对能满足他的要求。如果客户要求一个月完工，王刚则板上钉钉地说：“20天完工，您就相信我吧。”可实际上呢，公司根本无法在那么短的时间完成任务，结果一拖再拖，使得客户很失望。空承诺的次数多了，客户就不相信王刚了，后来就连很多老客户也纷纷离去。

在与客户沟通的过程中，为了促使客户下定决心购买，有时销售员需要以一定的承诺打动客户的心。但销售员要明白，承诺就是说话算数的意思，你答应客户什么事情了，就必须要做到，否则就会被认为是个言而无信的人。一旦关乎诚信，问题就严重了。现在的社会是个诚信社会，没有诚信，不要说事业成功了，就连立足都很难。所以，销售员在对客户做出承诺的时候，一定要谨慎，量力而行。

销售实训

销售员在面对客户的要求时应该有所选择、有技巧地承诺，能做到且该做到的，要表现坚定；能做到但没必要的，要谨慎；不能做到的，则坚决不承诺。

下面这些方法，销售员可以借鉴：

1. 如果这是你必须做出的承诺，那么坚定一些

有些承诺可能是售后服务中肯定能做到的且必须做到的，那么销售员要通过考虑和衡量，选择出可以向客户承诺的，用真诚的态度和坚定的语气来告诉他。

2. 对于你自己不能做决定的事情，承诺时要谨慎行事

有时，客户提出的要求很合理，但由于不在销售员可以决定的范围内，此时你就要谨慎对待了。遇到这种情况，销售员要尽可能地采用灵活的方法，依据具体情况进行具体分析。在不拒绝客户和冒失承诺的基础上，妥善处理好事情。

3. 对于无法做到的事情，坚决不能向客户承诺

也许，客户偶尔会提出一些你无法满足的要求，此时千万不要承诺。但可以采用其他辅助手段来试图缓解双方的矛盾，或者真诚地向客户表明你的难处。

如果这样仍然无法淡化客户的要求，那么宁可失去一次交易成功的机会，也不要失去最基本的信誉。因为如果失去了最基本的信誉，就等于放弃了赢得客户信任的机会。

总之，销售沟通是一个充满风险的过程，一句恰当的话可能促使客户购买，也可能因一句不恰当的话而使客户中断交易。因此，销售员要特别注意沟通语言，尤其是带有承诺色彩的话语，千万要理智地说出口。说一句话是容易的，但实现这句话的过程有可能困难重重，甚至根本无法实现。所以销售员要量力而行，切勿因一句话而丧失诚信。

实例 81　不在客户面前攻击竞争对手

点·睛·提·示

竞争是生意场上的必然特征，在抢夺有限客户资源的过程中，我们肯定会遇到一些目的相同、能力不相上下的竞争对手，但竞争并不一定就意味着尔虞我诈和谩骂诋毁。相反，我们应该与之友善相处，豁达大度，如此才能胜者不傲、败者不馁，共同提高。

全美推销高手汤姆·霍普金斯从事房地产交易员的工作时，他的一位名叫艾可的同事对汤姆取得的超高业绩感到非常嫉妒，他把汤姆视为事业发展道路上的眼中钉。

一次，艾可接待了一位有意向购买三套房子的客户，这位客户是汤姆的一位老客户介绍来的，因此他希望能够由汤姆为他提供服务。但当时汤姆并不在现场，而且根据房地产交易所的规定，客户一般情况下应该由第一次接待他的交易员接待，于是艾可开始带着客户四处看房子。

在带着客户四处转的时候，艾可一有机会就向客户贬低汤姆，他说汤姆为人虚伪狡诈，而且有过欺骗客户的经历等。可出人意料的是，第三天客户打来电话，说他不准备通过这家房地产交易所购买房子了，原因是“连汤姆那么知名的优秀交易员都如此不可信，那么这家公司一定不值得信赖”。

得知了事情真相的交易所经理当即决定辞退艾可，而交易所的损失却难以挽回了。

汤姆·霍普金斯的经历告诉我们，说竞争对手的坏话是多么愚蠢。不论客户是否相信我们的坏话（即使是暂时相信，最终也会有真相被揭穿的一天），我们的职业操守和内在素质都会令他们感到怀疑。而客户是绝对不会和一个道德品质存在瑕疵的销售人员保持友好关系的，因为，他们会由此不信任你销售的产品以及你所代表的公司。

对于竞争对手的评价，其实最能折射出销售人员的素质和职业操守。销售人员最好保持客观公正的态度评价竞争对手，不隐藏其优势也不夸大其缺点，让客户从你的评价中既可以了解相关的信息，也可以感受到你的素质和修养。

带有明显主观色彩地贬损竞争对手并不能使你的身价抬高，相反，这更表明了你对竞争对手的嫉妒和害怕。客户很少会因为你的贬损而购买你的产品，即使暂时相信你的话，等到发现事情真相之后，他们也会更加鄙视和远离你。

其实竞争对手和你的关系并不是如水火般势不两立，由于客户需求和自身产品特点之间的差异，竞争对手之间常常可以取长补短，互相学习。

我们不妨把那些需求特点更符合竞争对手产品的客户大大方方地“出让”，这绝不是给自己拆台，也不是“长别人志气，灭自己威风”，而是真真正正站在客户的立场上为满足客户的实际需求而提供相应的服务，你的这种付出一定会获得相应的回报——客户会充分感受到你对他的好意，当他们下次有需求时一定会首先考虑你，而且他们还可能为你带来更多的客户资源；竞争对手也会因为你的大度而不再吝惜那些不适合他们却非常适合你的客户资源。可以说，这是一个多赢的良好结局，而这一切都必须建立在真心诚意为客户着想、为客户服务的基础之上。

总的来说，如果你想从竞争对手那里获得客户资源，那就要将不适于你、更适于他们的客户介绍到他们那里，这无论对你自己、对客户还是对竞争对手来说，都具有非常积极的长远意义。

销售实训

在竞争中，销售人员该如何面对竞争对手呢？

销售人员在与客户交流时，绝对不要对竞争对手妄加评论，尤其是那些负面的评论。不要随便批评对手，因为不尊重同行的人，也不会太容易获得对方的尊重，最终容易导致互相诋毁的恶性循环。而且如果这样做，不仅容易在客户面前显得缺乏专业素质，更会让客户在心里贬低你。

假如客户过去曾经与这个竞争对手合作过，那么你在批评竞争对手的同时，无形中也在批评客户，后果当然可想而知。

正确的做法是，假如客户在提到竞争对手的产品时，你可以适当斟酌着给予两句无关紧要的好评。那么作为客户，他的内心肯定很舒服，觉得你是自己人，感觉上就亲近了许多。这时你再着重介绍自己产品的优势，服务质量的优良，他就比较有耐性听得进去，而且也容易接受。另一方面，这也呈现出你的专业素质和你大度的心胸。

参考文献

[1] 王宏．成为金牌销售的 9 堂口才课 [M]．北京：机械工业出版社，2012．

[2] 肖晓春．步步为赢：汽车销售顾问职业化训练 [M]．北京：机械工业出版社，2009．

[3] 翟文明．超级人脉术大全集 [M]．北京：华文出版社，2010．

[4] 王宝玲．超级销售口才训练方法 [M]．北京：中国纺织出版社，2009．

[5] 董方雷，李弢，王云．从销售新人到销售冠军 [M]．北京：人民邮电出版社，2004．

[6] 范云峰．客户开发营销 [M]．北京：中国经济出版社，2003．

[7] 张永成．打破销售困境的 N 个技巧 [M]．北京：中国纺织出版社，2009．

[8] 袁华冰．不会说话就做不好销售 [M]．北京：中国纺织出版社，2008．

[9] 陈莞．成功销售的秘密 [M]．北京：经济管理出版社，2003．

[10] 潇湘子．得体说话灵活办事 [M]．天津：天津科学技术出版社，2009．

[11] 刘屹松．销售员金口才全书 [M]．海拉尔：内蒙古文化出版社，2010．

[12] 肖建中．巅峰销售 [M]．广州：广东经济出版社，2010．

[13] 刘振中．不懂心理学就成不了销售精英 [M]．武汉：华中科技大学出版社，2009．